등장인물

주인공인 하진이는 앞으로 여러분과 함께
감정을 표현하는 법을 배워 나갈 거예요.
불안과 걱정, 분노 등 감정에 쉽게 휘둘렸던 하진이가
슬기로운 감정 표현법을 배우고 익히면서
어떻게 달라질지 무척 궁금하네요.

하진

소극적이고 마음이 여린
초등학교 4학년 여학생.
늘 걱정이 많으며,
자신의 장점이 많은데도
단점에 지나치게 신경 써
자신감이 부족하다.

미영

하진이와 같은 동네에 사는
대학생 언니. 항상 기분 좋은
미소를 짓고, 차분하게 행동한다.
우연한 계기로 하진이에게
감정 표현법을 가르쳐
주게 된다.

수빈

하진이와 제일 친한 친구.
명랑하고 활발하며,
운동을 잘한다.
하진이에게 도움을
주고 싶어 한다.

차례

등장 인물 ·· 2

⭐ 하진이의 이야기 1 ·· 3
들어가며 ··· 10

마법의 감정 표현 1 나 스스로를 알자!

⭐ 하진이의 이야기 2 ·· 12
자신의 감정과 친해지면 누릴 수 있는 것들 ························ 16
자신의 내면에는 어떤 '나'가 존재할까? ······························· 18
있는 그대로의 '나'를 인정하자! ·· 20
내 모든 모습과 친해지기 위한 3가지 약속 ························· 21
마법의 감정 표현으로 나만의 좋은 습관을 만들자 1 ········ 24

마법의 감정 표현 2 자신의 감정과 마주하자!

⭐ 하진이의 이야기 3 ·· 26
사람에게는 다양한 감정이 있다 ·· 30
'마음의 컵'을 살피자 ·· 32

부정적인 감정은 언제 생기나? ·· 34
부정적인 감정을 활용하면 긍정적인 기회가 된다 ············ 36
우리의 감정을 소중히 여기자 ··· 38
'생각하는 방식'을 알자 ·· 40
나는 어떤 사람일까? ··· 42
'감정 노트'를 만들자! ··· 44
 특별 구성 나를 파악하는 심리 테스트 ················· 46
마법의 감정 표현으로 나만의 좋은 습관을 만들자 2 ········ 48

마법의 감정 표현 3 부정적인 감정을 잘 다스리는 비법

⭐ 하진이의 이야기 4 ··· 50
분노 속에 숨어 있는 나의 진짜 감정 ··································· 54
분노를 가라앉히는 비법 ··· 56
'현명하게 화를 내는 방법'을 배우자! ··································· 58
특별 구성 당신만의 마법 주문을 정하자! ··························· 61
나만의 기분 전환법을 만들자 ··· 62
'분하거나 억울한 감정'의 정체 ··· 64

슬픔은 누구나 느낀다 ·· 66
'외로움'을 느끼는 것은 나약해서가 아니다! ············· 68
'불안'은 성장의 열쇠 ·· 72
자신을 자상하고, 너그럽게 대하자! ··························· 74
우울할 때의 대처법 ·· 76
슬픔은 나누면 반이 된다♪ ··· 78
마법의 감정 표현으로 나만의 좋은 습관을 만들자 3 ····· 80

마법의 감정 표현 다름을 인정하고 존중하자♪

⭐ 하진이의 이야기 5 ·· 82
'다름'을 인정하자! ·· 84
서로 다른 것은 즐거워♪ '다름'을 인정하는 방법 ········ 86

생각의 차이를 긍정으로 바꾸자! ···················· 88
특별 구성 관점을 바꾸는 연습을 해 보자! ···················· 90
내가 달라지면 상대방도 달라진다! ···················· 92
행복의 말을 선물하자! ···················· 94
마법의 감정 표현으로 나만의 좋은 습관을 만들자 4 ···················· 96

마법의 감정 표현 상황별 ☆ 감정 정리법

⭐ 하진이의 이야기 6 ···················· 98
다른 사람이 부러울 때는… ···················· 100
상대방에게 맞추느라 지쳤을 때는… ···················· 102
친한 친구에게 불만이 생길 때는… ···················· 104
소셜 네트워크 서비스(SNS) 상에서 답답할 때는… ···················· 106
실수해서 우울할 때는… ···················· 110
도전하고 싶지만 자신이 없을 때는… ···················· 112
특별 구성 '긴장감'을 내 편으로 만들자! ···················· 114
가까운 사람과 맞지 않아서 힘들 때는… ···················· 116
거짓말을 해 버렸을 때는… ···················· 118
하고 싶은 것을 찾지 못했을 때는… ···················· 120
특별 구성 행복을 주는 것을 찾자! ···················· 122
⭐ 하진이의 이야기 7 ···················· 124
마법의 감정 표현으로 나만의 좋은 습관을 만들자 5 ···················· 126

들어가며

당신은 자신의 감정을 조절하지 못해서 후회한 적이 있나요?
예를 들어 시합에 지고 분해서 친구들에게 화풀이하거나 내 마음을 몰라주는 가족에게
의도치 않게 화를 내거나 발표를 망쳐 속상함에 눈물을 왈칵 쏟는 등….

우리는 살면서 다양한 감정을 느끼고, 표현해요.
하지만 자신의 감정을 잘 다스리지 못하고 아무렇게나 내뿜으면,
자신도 상대방도 상처를 입게 되고 그로 인해 원망과 괴로운 감정에 빠지게 되어요.
이러한 감정을 어떻게 표현할 것인지에 대한 문제는 어른이 되어서도 계속된답니다.

〈마법의 감정 표현〉에서는 자신의 마음과 감정을 소중히 여기며
정리하고 표현하는 방법을 소개하고 있어요.
감정을 정리하는 방법을 익히면 문제가 생겼을 때 원만하게 해결할 수 있고,
잘못된 표현으로 인한 후회나 오해가 생길 일이 줄어들어요.
〈마법의 감정 표현〉을 통해 여러분 스스로 내 감정의 주인이 되는
멋진 사람이 되기를 바라요.

자신의 미래는 자신의 것!
조급해하지 말고 천천히 노력해 보세요. 당신의 밝은 미래를 응원합니다!

감정조절지도사
시노 마키
(篠 真希)

나 스스로를 알자!

당신은 자신의 어떤 모습을 좋아하나요?
지금의 '나'를 소중히 여길 수 있도록
일단 자신의 감정과 친해져 봅시다. ♪

자신의 감정과 친해지면 누릴 수 있는 것들

우리는 매일 다양한 감정을 느끼며 지내요.
자신의 감정과 친해지면 어떤 좋은 일이 생길까요?
다음 그림을 보면서 상상해 보세요.

자신의 감정을 전달할 수 있다

자신이 느낀 감정을
말로 표현할 수 있어요.
그럼 상대방이
내 마음을 이해하게 되고,
서로 자연스럽게 가까워져요.

다투고 난 뒤 화해할 수 있다

감정을 제대로
전달할 수 있어서
친구와 오해 없이
화해할 수 있어요.

실수해도 다시 일어날 수 있다

속상하거나
우울한 일이 생겨도
마음을 다잡아
다시 노력할 수 있어요.

자신감이 생긴다

웃으며 보내는 시간이 많아지고,
자신에게 만족감을 느끼는
시간이 늘어나요!

주변 사람들에게 친절을 베풀 수 있다

감정을 잘 다스려
마음에 여유가 생기면
가족과 친구들에게
친절을 베풀 수 있어요.

마법의 감정 표현 ① 나 스스로를 알자!

자신의 내면에는 어떤 '나'가 존재할까?

사람의 감정은 매일 변하고
감정은 내 행동과 태도에
영향을 준답니다.
기쁠 때의 자신,
슬플 때의 자신,
화날 때의 자신 등….
당신의 내면에는
어떤 '나'가 존재하나요?

이럴 때 어떤 감정을 느끼나요?

일단 자신의 감정과 기분을 말로 표현해 보세요.
자신의 내면에 존재하는 다양한 감정과 기분을 알면 자신과 친해질 수 있어요.

 옷이 잘 어울린다고 칭찬받았다!

 친구 생일 파티에 초대받지 못했다!

'기쁘다', '쑥스럽다' 등
자신의 감정을
말로 표현해 보세요.

'슬프다', '외롭다' 등
여러 감정이 복잡하게
들기도 해요.

내가 좋아하는 '나'의 모습은?

당신은 자신이 어떤 모습일 때가 좋고 어떤 모습일 때가 싫은가요?
아래의 예시를 참고로 자신을 돌아보고 생각해 보세요.

친구에게 상냥하게 대하는 나
가족과 사이좋게 지내는 나
하고 싶은 일을 하는 나
밝게 웃는 나

친구들과 비교하는 나
가족에게 화풀이하는 나
마음대로 안 된다고 짜증 부리는 나
자신 없어서
우물쭈물 망설이는 나

누구에게나 '싫은 자신의 모습'이 있어요.
하지만 '좋은 모습'으로 보내는 시간이
많아지기를 바라고 있죠.

앞으로 저와 함께
내가 좋아하는 '나'로
지내기 위한 수업을
시작해 봐요!

있는 그대로의 '나'를 인정하자!

자신의 내면에 존재하는
다양한 자신을 찾았나요?
자랑스럽고 멋진 자신도
짜증 나고 답답한 자신도
단 하나뿐인 소중한 당신이에요.
어떤 모습이든 인정하고
받아들이면, 마음속 깊은 곳에서
여유가 생겨나요.

'나'를 인정하려면?

'나 자신을 인정한다는 것'은
어떤 모습의 자신과도
친하게 지내는 거예요.
못마땅한 자신의 모습을
억지로 없애려 하지 말고
잘 지내는 것이 중요해요.
앞으로 시작될 수업을 통해서
천천히 자신과 친해져 봅시다!

> 수업을 시작하기 전에
> 다음 쪽의 세 가지 약속을
> 확인해 봐요. ♪

내 모든 모습과 친해지기 위한 3가지 약속

수업을 시작하기 전에 마음에 새겼으면 하는 세 가지 약속이 있어요.

어떤 감정도 소중히 여긴다

누구나 '슬프다', '불안하다', '분하다' 등의 부정적인 감정은 느끼고 싶지 않죠.
하지만 어떤 감정이든 당신의 내면에서 나온 것이니 무시하거나 외면하지 말고 귀 기울여 주세요.

남들과 달라도 조급해하지 않는다

자신을 주변 사람과 비교하면서
불안한 감정을 느낄 수도 있지만
'나는 나!'예요. 주변 사람과 달라도
괜찮으니 자신과 친하게 지내려면
일단 본인의 진짜 감정에 마주해 보세요.

주변 사람도 인정한다

당신과 마찬가지로 주변 사람에게도
그 사람 나름의 감정이 있어요.
자신과 같이 주변 사람을 소중히 여길 수 있다면
당신은 더욱 멋진 사람이 될 수 있어요!

잠시 쉬어가기

감정에 색깔이 있다면
어떤 색일까요?

하늘색, 주황색, 초록색,
분홍색, 노란색, 파란색, 빨간색….

상황에 따라 변하는 감정이
당신의 일상을
다채롭게 해 줄 거예요.

마법의 감정 표현으로
나만의 좋은 습관을 만들자
1

을 마친 당신은…

 꿈꾸고 바라던 나의 모습을 떠올려 봤어요.

 다양한 나의 모습을 알았어요.

 나의 모든 모습이 소중하다는 것을 알았어요.

자신의 내면에 존재하는
다양한 자신의 모습을
이제 알게 되었나요?
'자신의 모든 모습을
소중히 여긴다'는 것은
말처럼 간단히 되는 것이 아니에요.
그러니 서두르거나 조급해하지 마세요.
앞으로 시작될 수업을 통해서
천천히 자신의 감정과 친해집시다.

자신의 감정과 마주하자!

당신이 느끼는 여러 감정 중에서
불필요한 것은 단 하나도 없어요.
어떤 감정이라도 그대로 인정하고 마주해 보세요!

***자진하다** : 다른 사람이 시키기 전에 스스로 나서다.

사람에게는 다양한 감정이 있다

즐겁고 유쾌한 일만 가득해서
매일매일 행복하다면 좋겠지만,
때론 슬프고 화나는 날도 있는 것은
자연스러운 일이에요.
먼저 자신의 마음속에 피어나는
여러 가지 감정을 받아들여 보세요.

이런 감정을 느꼈던 적이 있나요?

지금까지 당신이 느꼈던
여러 감정을 다시 떠올려 보고
단어로 나타내 보세요!
감정은 눈에 보이지 않지만
느낀 감정을 표현할 단어를
선택할 수 있다면
어떤 기분인지 자연스레
알 수 있어요.

기쁘다 자랑스럽다
재미있다
신난다 만족
두근두근 즐겁다

분하다 불안
부럽다 실망
안절부절 발끈하다
슬프다 외롭다

 자신의 감정을 구체적이고 적절한 단어로 나타낼 수 있으면, 마음 정리가 수월해져요. 또한, 다른 사람에게 자신의 마음을 바르게 전달할 수 있어요.

당신을 도와주는 다양한 감정

'두렵다', '불안하다' 등 부정적인 이미지를 가진 감정도 있어요. 하지만 때로는 그런 부정적인 감정이 당신을 도와주기도 한답니다!

불안한 감정이 없으면…

준비나 연습을 소홀히 해서 실전에서 당황할 수 있어요.

잘 준비했으면 좋았을 텐데!

불안한 감정이 있으면…

걱정되는 마음으로 더 철저하게 준비한 덕분에 실전에서 자신감을 가질 수 있어요.

연습하길 잘했어. ♪

감정의 균형을 잘 잡자!

사람에게는 다양한 감정이 필요하기에 부정적인 감정만 있으면 힘들고 고통스러워요. 그래서 감정의 균형을 잘 잡는 것이 중요해요.

신난다 / 두근두근 / 즐겁다

불안하다 / 안절부절

이번 감정 표현 수업에서는 감정의 균형을 잡는 연습을 할 거예요!

긍정적인 감정이 부정적인 감정보다 조금 더 많은 것이 밝게 지낼 수 있는 균형 잡힌 상태예요.

 행복은 가까이에! 당신의 마음속에서 피어나는 다양한 감정을 차분하게 인정하고 받아들여 보세요.

'마음의 컵'을 살피자

마음속에 감정을 담아 두는 컵이
있다고 생각해 보세요.
분노와 슬픔 등
입 밖으로 표현하지 못했던 어려운 감정을
마음의 컵에 쌓아 두지는 않았나요?
이런 감정들이 컵에 담겨
서서히 차오르고 있을지도 몰라요.

 마음의 컵이 가득 차면…

힘든 일을 누구에게도 털어놓지 못하거나
화가 나도 아무렇지 않은 척하는 등
자신의 감정을 꾹꾹 누르고 무시하면
마음의 컵이 가득 차올라서
언젠가 넘치고 말아요.
그러면 다른 사람에게 갑자기 짜증을 내거나
하염없이 눈물이 흐르기도 하지요.

'마음의 컵'은 크기가 사람마다 달라요. 컵이 가득 차올라서 넘치기 전에 자신의 감정을 살피세요.

친구에게 고민을 이야기하거나 가족에게 상담하는 등 컵 속의 감정을 밖으로 꺼내 보세요.

 행복은 가까이에! 컵 속에 담긴 당신의 감정은 당신만 알 수 있어요. 어느 날 갑자기 넘치지 않도록 적절한 시기에 밖으로 흘려보내세요.

잠시 쉬어가기

눈을 감고 마음의 소리에
귀를 기울여 보세요.

그 소리를 들을 수 있는 사람은
오직 당신뿐이에요.

부정적인 감정은 언제 생기나?

자신이 언제 기분이 나빠지고
불쾌한 감정을 느끼는지 알아 두면
스스로 자신을 돕기 쉬워져요.
부정적인 감정에 사로잡혔을 때
'내가 싫어하는 상황이야!' 하고
빠르게 알아차리면
자신의 감정을
차분하게 다스릴 수 있지요.

 '부정적인 감정'을 느끼는 것은 사람마다 다르다

어떤 때 기분이 상하고 불쾌한 감정이 드느냐는 사람마다 달라요.
똑같은 상황에서 기분이 상하는 사람도 있고, 아무렇지 않은 사람도 있어요.

 ## '자신이 싫어하는 상황'을 파악하자

당신은 언제 기분이 상하고 나빠지나요?

뜻대로 되지 않을 때

예상치 못한 상황 때문에
일정이 꼬이거나 생각한 대로
일이 진행되지 않을 때 불안하고 걱정돼요.

계획대로 잘 안 되잖아!

주변 사람과 비교할 때

다른 누군가와 비교를 당하거나
주변 사람이 자신보다 낫다는 생각이 들 때
우울해져요.

난 왜 이럴까….

같은 실수를 반복할 때

큰 실수가 아니더라도
여러 번 같은 실수를 반복하면
자신이 실망스럽고 싫어져요.

앗! 또 깜박했네!

언제 기분이 상하거나 나쁜지 알아 두면, 우울한 감정을 느꼈을 때 차분하게 감정을 정리하고 기분 전환을 할 수 있어요.

 행복은 가까이에! 자신을 잘 알면, 웃으며 보내는 시간을 늘릴 수 있어요.
먼저 있는 그대로의 자신을 인정하고 마주해 보세요.

부정적인 감정을 활용하면 긍정적인 기회가 된다

불안해서 가슴이 쿵쿵 뛰거나
억울하고 분해서 안절부절못하는 등….
부정적인 감정이 쌓이고 쌓이면
마음의 컵이 넘쳐흘러요.
그런데 이런 감정을 잘 다루면
자신을 갈고닦는 긍정의 기회로
바꿀 수 있어요!

 양면 색종이처럼 감정을 뒤집어 바꿔 보자

부정적인 감정이 가득 찼다는 것은
스스로 '이대로는 안 돼!',
'어떻게든 해야 해!'라고
느끼고 있다는 증거예요.
지금 자신이 느끼는
부정적인 감정을
성장하는 힘, 긍정적인 힘으로
바꿔 보세요.

쉽게 긴장하는 내가 싫어!

바꿔 말하면

상대에게 편안함을 주는 사람이 되고 싶어!

나를 성장시키는 기회로 만들자!

속상한 감정을 분발하는 계기로!

열심히 공부했는데 시험에서 좋은 점수를 받지 못해서 '분하다', '억울하다'는 감정을 느꼈다면, 그 감정을 긍정적인 방향으로 바꿔 봅시다!
'만족스럽다', '뿌듯하다'는 감정을 느끼도록 다음 시험에서 더 열심히 노력하는 거예요!

불안을 행동으로!

'발표회에서 실수할지도 몰라…' 하고 불안해하는 것은 '방심하지 말고 준비하자!'라고 자신의 마음이 보내는 신호와 같아요. 불안을 행동으로 바꿔서 철저하게 준비해 보세요.
노력한 만큼 실력도 늘 거예요.

부러움을 목표로!

친구나 주변 사람이 부럽다면, 막연하게 '대단하다', '멋지다'라고만 생각할 게 아니라 자신의 목표로 삼아 보세요! 주변에 본받을 만한 대상이 있다면 좋은 자극이 되어 더 힘을 낼 수 있어요.

늘 웃고 있어서 인기가 많은 건가? 나도 따라 해 봐야지!

 행복은 가까이에! 지금 자신의 모습에 만족하기 어렵나요? 다르게 생각하면 그만큼 성장 가능성이 있다는 뜻이에요. ☆

우리의 감정을 소중히 여기자

자신의 감정과 주변 사람의 감정이
다를 때 불안함을 느낄 수 있어요.
하지만 그럴 때라도
누가 옳은지 판단하거나
감정이 똑같아야 한다고
생각하지 말아요.
한 사람 한 사람의 감정은
모두 소중하니까요.

 감정은 사람마다 제각각

친구와 같은 감정을 느끼면 안심되고,
다르면 불편하고 어색해지는
때도 있어요.
그런데 사람마다 느끼는 감정은
모두 달라요.
다른 건 자연스러운 일이랍니다.

합창은 즐거워~!

합창은 지루해…

똑같은 일을 해도
즐거운 사람이 있는가 하면
시시하게 느끼는 사람도 있어요.

 ## 억지로 남에게 맞추지 않아도 괜찮다!

상대방의 감정을 중요하게 여기는 것은 마음이 넓고 상냥하다는 증거예요.
하지만 상대방에게 맞추느라 자신의 감정을 무시하면 본인이 힘들어져요.
자신이 느끼는 감정을 확실히 알고 소중히 여깁시다.

 ## 남과 다른 점이 나만의 강점!

남과 다른 부분들이 모여 나를 나답게 만든답니다. 자신이 좋아하는 것이나
관심이 있어서 더 알고 싶은 것을 소중히 여기세요. 훗날 자신만의 장점이자 강점이
될 거예요!

 행복은 가까이에! 당신이 느끼는 감정을 마음속에 핀 꽃이라고 생각해
보세요. 시들거나 말라 죽지 않도록 세심하게 살핍시다!

'생각하는 방식'을 알자

모든 일을 긍정적으로
생각하는 사람이 있는가 하면
부정적으로 생각하는 사람도 있어요.
당신은 어느 쪽인가요?
'생각하는 방식'을 알아 두면,
안 좋은 기분이 들 때
내 감정을 차분하게 정리할 수 있어요.

 자신의 '생각하는 방식'이란?

오랫동안 되풀이해 저절로 몸에 익은 행동처럼 불안하면 머리카락을 만지작거리거나 다리를 떠는 등 사람마다 행동으로 나타나는 습관이 있어요. 이처럼 사람의 생각하는 방식에도 그 사람만의 습관이 들어 있답니다.

예를 들어…

● 자신도 모르게 다른 사람이
  자신을 나쁘게 본다고 생각한다.

● 모든 일을 긍정적으로 생각한다.

 ## '생각하는 방식'은 여러 가지

같은 상황이라도 그것을 받아들이는 태도는 사람마다 달라요.
이럴 때 당신은 어떻게 생각하나요?

시험에서 낮은 점수를 받았을 때…

- '난 안 되나 봐'라며 자책한다.
- 높은 점수를 받은 친구를 부러워한다.
- '다음에 잘해야지' 하고 긍정적으로 받아들인다.

 ## 자신의 '생각하는 방식'을 알아보자!

자신이 느끼는 감정을 기록해 보면 자신의 생각 방식을 금방 파악할 수 있어요. '생각하는 방식'에 정답은 없으니까 혹시 마음에 들지 않더라도, 나쁘게 생각하지는 마세요. 생각은 시간이 지나면서 바뀌기도 하니까요.

이럴 때 당신의 감정은?

아래 상황에서 자신이 어떤 감정을 느끼는지 생각해 보세요. 그러면 자신의 생각 방식이 보일 거예요.

♥ 여름 방학이 거의 끝나 간다.
♥ 단짝 친구가 전학을 가게 되었다.
♥ 친구가 약속 시각이 됐는데도 오지 않는다.

 행복은 가까이에! '생각하는 방식'이 긍정적이든 부정적이든 자신에게서 나온 것이에요. 나만의 생각 방식을 알아보고 인정하세요.

나는 어떤 사람일까?

우리는 자신에 대해
잘 아는 것 같지만
스스로를 전부 이해하는 것은
어려워요. 타고난 성격 외에도
과거에 있었던 일이
내 성격과 생각하는 방식에
영향을 미치기도 하고요.
과거의 경험을 떠올려 보고,
지금의 자신을 알기 위한
단서로 삼아 보세요!

 지금의 당신을 만든 사건을 찾아라!

생각하는 방식은 과거에 있었던 일과 연관되어 있기도 해요.

예를 들어…

- 과거에 실수해서 심하게 혼나거나 비웃음을 당했던 경험이 있다.

- 항상 '잘하는 아이', '잘하는 게 당연하다' 라는 기대감을 받았다.

실수하고
싶지 않다

실수하고 싶지 않은 생각은 같아도 그런 생각에 영향을 준 경험은 전혀 달라요.

 자신의 생각 습관에 대한 힌트를 찾자!

과거의 경험이 모여서 생각하는 방식을 만들어요. 생각 방식에 영향을 준 과거의 사건을 떠올렸다면, 그때 어떤 감정을 느꼈는지 생각해 보세요.

예쁘다고 생각해서 입은 옷을 친구들이 놀렸다.

부끄럽고 창피해서 슬펐다.

남들 눈을 의식하고, 튀는 것을 싫어한다.

과거의 경험을 생각해 보세요

아래의 표를 참고해서 지금의 당신에게 영향을 준 경험을 떠올려 보세요.

현재의 나	이런 일은 없었나요?
남과 나를 비교한다	◦ 부모님이 형제나 다른 아이와 자주 비교했었다.
사람들 앞에서 긴장한다	◦ 많은 사람 앞에서 놀림당했었다.
실수가 두렵다	◦ 실수했을 때 혼나거나 비웃음을 받았다. ◦ 실수 없이 잘했기 때문에 사랑받았다고 느꼈다.
자신감이 없다	◦ 자주 비난을 받았다. ◦ 노력했는데 결과가 나빴던 일을 잊을 수 없다.
남에게 엄격하다	◦ 공부, 예의범절 등을 엄격하게 교육받았다. ◦ 버릇없다는 소리를 듣지 않으려고 참아왔다.
실수가 무섭지 않다	◦ 실수해도 혼난 적이 없다. ◦ 도전해서 칭찬받은 적이 있다.

과거를 통해 지금 내 모습을 더 이해할 수 있게 됐어요!

 행복은 가까이에! 과거의 사건이 지금의 나에게 영향을 준 것처럼 현재 당신의 행동은 당신의 미래를 만들어요. ♪

'감정 노트'를 만들자!

다양한 감정이 서로 뒤엉켜서
어떤 기분인지 잘 모를 때가 있어요.
누구에게도 말하지 못할 때는
그 감정을 적어 보세요.
또 다른 자신에게 털어놓는다는
생각으로 천천히, 솔직하게!
감정을 다 적고 나면
분명히 마음이 조금은
가벼워져 있을 거예요.

글로 쓰면 감정이 정리된다

종이에 단어나 문장을 쓰다 보면
알 수 없는 감정으로 가득 찼던 마음이
정리되면서 한결 편안해지거나
차분하게 생각할 수 있어요.

감정을 정리하면 불쾌한
기분을 빨리 털어 버릴 수 있어요.
그리고 앞으로 자신이 하고 싶은 것을
생각하는 데에 큰 도움이 돼요.

감정 노트 작성법

아래의 내용을 참고로 나만의 감정 노트를 만들어 보세요.

언제
9월 12일 체육 시간

어디에서
학교 체육관

― 날짜와 장소를 적는다.

일어난 일(사실)
운동회에서 출 안무를 연습하는데,
짝꿍인 도윤이가 안무를 이상하게 바꾸며 장난을 쳤다.
선생님께서 도윤이와 나에게 장난치지 말고 제대로 하라고
주의를 주셨다. 반 친구들이 나랑 도윤이를 쳐다봤다.

― 일어난 일을 사실 그대로 적는다.

나의 감정
억울해. 나는 장난치지 않았는데! 무척 짜증이 났다.
너무하다는 생각도 들고, 화가 났다.
도윤이가 '저 혼자 장난친 거예요'라고 말해 줬으면 좋을 텐데,
아무 말도 하지 않아서 기분이 나빴다!
다른 반 아이들까지 나를 힐끔힐끔 쳐다봐서 창피했다.

― 그때 기분이 어땠는지 적는다.

감정의 정도
분노   1 2 3 4 5 6 7 ⑧ 9 10
창피   1 2 3 4 5 ⑥ 7 8 9 10

― 감정을 숫자로 표현해 본다(➡ 60쪽도 확인).

그때 어떻게 행동했나?
아무 말 없이 고개를 숙이고 바닥을 봤다.

― 자신이 어떻게 행동했는지 적는다.

상대방이 어떻게 해 주길 원했나?
선생님께서 내 입장을 먼저 물어 주길 원했다.
도윤이가 '장난은 자기만 쳤다'고 말해 주길 원했다.

― 상대방이 어떻게 해 주길 원했는지 적는다.

내가 어떻게 했다면 좋았을까?
그 자리에서 선생님께 '저는 장난치지 않았어요!'라고
말했다면 좋을 것 같다. 그랬다면 다른 친구들이
나도 함께 장난을 쳤다고 오해하지 않았을 거다.

― 자신이 어떻게 했다면 좋았을지 적는다.

> 감정을 글로 적은 후 읽어 보면 좀 더 객관적으로 생각할 수 있어요!

 행복은 가까이에! '감정 노트'를 자세하게 쓰지 못할 때는 일기처럼 어떤 일이 일어났고, 어떤 생각을 했는지 간단히 적어도 괜찮아요.

특별 구성

나를 파악하는 심리 테스트

나의 기분, 나의 마음이지만 때로는 '내가 왜 이러지?' 하는 생각이 들 정도로 가끔 자신이 낯설게 느껴져요. 그럼 이번에는 심리 테스트를 통해서 마음의 소리를 들어 봅시다. ♪

Q1 꿈속에서 당신은 동화책 속의 주인공이 됐어요! 어떤 캐릭터가 되었을까요?

 신데렐라

 인어공주

 라푼젤

Q2 가방을 멘 토끼가 달리고 있어요. 가방의 크기는 어느 정도일까요?

 결과

Q1 당신에게 안 좋은 일이 일어난다면 어떻게 할 건가요?
- Ⓐ 를 선택한 당신은… 어렵고 힘든 일을 잘 참고, 배려심이 깊은 유형이에요.
- Ⓑ 를 선택한 당신은… 뭐든 해내려고 노력하는 강인한 유형이에요. ★
- Ⓒ 를 선택한 당신은… 누군가가 도와주길 기다리는 의존적인 유형이에요. ♪

Q2 당신이 떠안고 있는 고민거리의 크기는 어느 정도일까요?
토끼가 메고 있는 가방의 크기가 현재 당신이 짊어지고 있는 고민의 크기예요!

친구에게 선물로 케이크를 받았어요!
어떤 케이크일까요?

 딸기 생크림 케이크

 치즈 케이크

 밤이 올라간 케이크

 초코 케이크

 어둡고 긴 터널 속을 걷다가
드디어 밖으로 나가는 출구에 이르렀어요!
그곳에 서 있는 사람은 누구일까요?

Q3 친구들이 당신을 어떤 사람이라고 생각했으면 좋겠나요?

Ⓐ를 선택한 당신은… 인기가 많은 사람이라고 생각했으면 좋겠다!
Ⓑ를 선택한 당신은… 친절하고 상냥한 사람이라고 생각했으면 좋겠다!
Ⓒ를 선택한 당신은… 개성 있는 사람이라고 생각했으면 좋겠다!
Ⓓ를 선택한 당신은… 시원시원한 성격의 소유자라고 생각했으면 좋겠다!

Q4 당신을 도와주는 사람은?

동굴을 나온 출구에 서 있는 사람은 당신이 의지하는 사람이에요.
힘들 때 그 사람에게 마음을 터놓고, 도움을 받아 보세요.♪

마법의 감정 표현으로
나만의 좋은 습관을 만들자 2

마법의 감정 표현 2 를 마친 당신은…

🌸 자신의 '생각하는 방식'을 알았어요.

🌸 자신의 감정을 글로 정리할 수 있게 되었어요.

어떤 감정이든 당신에게 있어서
모두 소중한 것이에요.
부정적인 감정도
인정하고 받아들일 수 있게 된
당신은 매우 멋지답니다.
다음 수업에서는
웃는 시간을
더 많이 만들어 봅시다. ♪

부정적인 감정을
잘 다스리는 비법

어떤 감정이든 받아들일 수 있게 되었다면
이번에는 부정적인 감정을 잘 다스리기 위한
비법을 배워 봅시다!

분노 속에 숨어 있는
나의 진짜 감정

당신은 혹시 화를 내는 것은 잘못된 것이며,
참는 것이 옳은 것이라 배웠나요?
그런데 분노의 감정은
자신의 내면에서 여러 감정이
쌓여 나타난 것이에요.
분노는 당신이 정말 싫어하는 것과
참을 수 있는 한계점을 알려주는
고마운 감정이지요.
따라서 화를 무작정 참거나 충동적으로 내뿜어
후회하지 않도록 분노의 원인을 찾아
감정을 잘 다스려 봅시다.

 분노는 왜 화산처럼 폭발할까?

꽃을 그린 후 빨간 물감으로 색칠하면
빨간 꽃이 되고 파란 물감으로 색칠하면
파란 꽃이 되지요?
하지만 분노는 화를 내야지! 참아야지! 하고
간단하게 해결되는 것이 아니에요.
왜냐하면 분노는 힘들다, 외롭다, 분하다 등
다양한 감정이 서서히 쌓이다가
화산처럼 폭발해 버린 것이기 때문이에요.

자신의 속마음을 미리 살피고 다
스려야 화산처럼 펑 하고 분노가 폭발
하지 않아요.

자신의 감정을 알리려면 어떻게 해야 할까?

왜 내가 그때 그렇게 화를 냈을까? 분노로 나타난 자신의 진짜 감정을 알리려면, 잠시 멈춰서 생각할 시간이 필요해요.

자신에게 물어본다

스스로에게 왜 화가 났는지 이유를 물어보세요. 상대방의 말투 때문인지, 심한 말을 들었는지, 그때 어떤 기분이었는지 등 자신에게 질문해 봐요.

공책에 적는다

생각이 잘 정리되지 않을 때는 공책에 써 보세요. 글로 쓰다 보면 차츰 마음이 정리돼요(➡ 45쪽도 확인).

자신의 분노 스위치를 찾아보자

'내 헤어스타일을 놀렸다', '내 물건을 마음대로 썼다' 등 나를 기분 나쁘게 하는 상황이 있을 거예요. 듣기 싫은 말이나 당하고 싶지 않은 일 등 분노를 자극하는 스위치를 알면 켜지지 않도록 침착하게 대응할 수 있어요.

상대방에게 내 분노 스위치가 켜지는 상황을 알려주는 것은 서로에 대한 배려예요.

 행복은 가까이에! 분노는 자신이 싫어하는 것과 상처받았다는 것을 알려주는 소중한 감정이에요. 분노의 감정을 잘 정리해 보세요.

분노를 가라앉히는 비법

마음속 분노의 정체를 알았다면
이번에는 그 감정을 어떻게
다스릴지 생각해 보세요.
분노의 감정에 뚜껑을 덮어서
넘치지 않도록 막는 것이 아니라
어떤 형태로 *수습해 나갈지가
매우 중요해요.

*수습하다 : 어지러운 마음을 가라앉혀 바로잡다.

분노를 받아들인다는 것은?

사실 치밀어 오르는 분노를 가라앉히는 것은
참 힘든 일이에요.
그렇다고 분노의 감정을 다른 사람에게 퍼붓고
사이가 나빠지는 것은 더욱 슬픈 일이죠.
화가 치밀어 올라와도 바로 터뜨리지 않기 위해
노력하는 것이 받아들이는 거예요.
분노를 받아들이는 비법은
다음 쪽에서 소개할게요.

분노의 감정을 자신에게 풀어서 자신에게
상처 주는 것도 바람직하지 않아요.

🌺 분노를 가라앉히는 다섯 가지 비법

때때로 욱하고 화가 치밀면 자제할 틈도 없이 그 감정을 분출해 버리고 말아요. 즉흥적으로 행동하고 나서 후회하지 않도록 다음 비법을 통해 분노를 가라앉히는 연습을 해 봅시다!

1 심호흡한다

4초 동안 숨을 들이마셨다가 6초 동안 천천히 숨을 내쉬는 심호흡을 3회 정도 해 보세요.

2 6초를 센다

마음속으로 6초를 세어 보세요. 마음이 가라앉을 때까지 상대방에게 되받아치지 않는 연습이에요. ☆

3 그 자리에서 벗어난다

화장실에 다녀오거나 밖으로 나가는 등 일단 그 자리에서 벗어나서 마음을 진정시키세요. 이때 같이 있던 사람에게 말하고 다녀오는 것이 좋아요.

"금방 다녀올게."

4 행복한 상상하기

좋아하는 연예인이나 반려동물 등을 떠올리며 행복한 상상 속에 빠져 보세요. 행복한 상상은 마음에 안정을 가져다준답니다.

5 인형을 껴안는다

폭신한 인형이나 베개를 꽉 끌어안는 등 마음을 진정시킬 수 있는 물건을 찾아보세요.

"꼬옥~"

🌸 **행복은 가까이에!** 분노를 잠재우는 방법은 자신과 소중한 사람을 지키는 마법이에요. 한순간의 감정에 휘둘리지 말고 마음을 잘 다스려 봐요.

'현명하게 화를 내는 방법'을 배우자!

'현명하게 화를 낸다'는 것은
명확하게 내 감정을 전달한다는 거예요.
분노의 감정을 주체하지 못하고
소리를 지르거나 다른 사람을 무시하면
상대방은 당신이 왜 화가 났는지 몰라요.
당신의 속마음을 명확하게 전달하려면
'현명하게 화를 내는 방법'을 배워 보세요!

'분노'가 아니라 '진심'을 전달하자

자신이 느끼는 감정을
상대방이 이해할 수 있도록 전달하면
서로 좋은 관계를 유지할 수 있어요.
이때 화가 났다는 사실을
전달하는 게 아니라
분노의 감정 속에 숨겨진
자신의 진심(➡ 54쪽)을
전달하는 것이 중요해요.
그러면 상대방도 당신을 이해하고
받아들이기 수월해져요.

화낼 때 필요한 세 가지 규칙

화를 낼 때는 다음의 세 가지 사항에 주의하세요!

상대방에게 상처 주지 않기
상대방을 비난하거나 탓하는 행동은 상처를 줘요.

자신에게 상처 주지 않기
화가 나서 마음이 어두워져도 심하게 자책하지 말아요.

물건으로 화풀이하지 않기
벽을 치거나 물건을 부수는 행동은 상황을 더 나쁘게 만들어요.

'나'를 주어로 전달하자

'너가 그렇게 해서(말해서) 화가 났어!'가 아니라
'나는 이런 식으로 당해서(이런 말을 들어서) 기분이 상했고, 화가 났어!'라고
'나'를 주어로 감정을 표현하면 잘 전달돼요.

'너'가 주어인 메시지

'나'가 주어인 메시지

다음 쪽도 확인해 보세요!

'분노의 온도'를 힌트로 삼자

자신의 감정과 마주해 보면 '분노의 온도'가 항상 똑같지 않다는 것을 알 수 있어요. 어느 정도 화가 났는지 화가 난 정도를 여러 단계로 나눠 보세요. 그리고 단계에 맞춰 어떻게 행동하면 좋을지 힌트로 삼아 보세요. 물론 단계별로 화를 내는 정도는 달라야 겠죠? 자신이 얼마나 화가 났는지 숫자로 표현해 보면 냉정하게 받아들일 수 있어요.

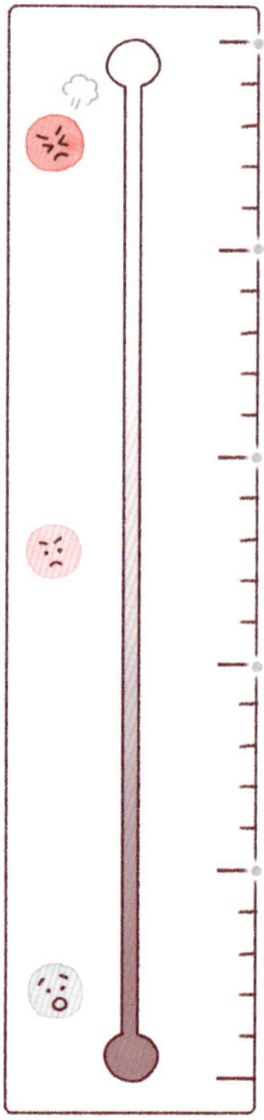

분노 단계

5단계
'못 참아! 다 덤벼!'
곧 터질 것 같다.

4단계
붉으락푸르락
정말 열 받는다!

3단계
'아이씨!'
화가 치밀어 오른다.

2단계
'아, 짜증나!'
불쾌하고 화가 난다.

1단계
'뭐야!' 하고
신경질이 난다.

참고 : 일본 감정조절 상담 협회

대처 방법

아래의 예시를 참고로 단계에 따라 어떻게 행동할지 대처 방법을 정해 봅시다.

일단 그 자리에서 벗어나서 화를 가라앉히고 어떻게 해결할지 생각한다.

소리를 지르지 않도록 심호흡을 한다! 마음을 추스른 후에 대화한다.

어떻게 말할지 생각해서 상대방에게 전달하고 이해받는다.

주문을 외면서 차분하게 화를 가라앉힌다.

마음속으로 6초를 세고 넘긴다.

> 1단계 정도로 화날 때 나는 좋아하는 인형을 꽉 껴안아 봐야지!

 행복은 가까이에! 자신의 속마음과 감정을 상대방에게 명확하게 전달하면 서로 잘 이해할 수 있어서 답답함이 싹 사라져요!

특별 구성

당신만의 마법 주문을 정하자!

감정이 복받쳐 올라와 터지기 일보 직전일 때는 자신을 추스르고 차분하게 가라앉히는 마법의 주문을 외워 보세요! 뭐든지 좋아요. ★ 아래의 예시를 참고로 당신만의 마법 주문을 만들어 보세요.

침착하자!
간단한 단어를 여러 번 반복해서 말하는 것만으로도 당황하지 않고 잘 넘길 수 있어요!

휘이휘이 멀리 가 버려~!
즐겁게 재미있게 외울 수 있는 주문도 멋져요!

화가 날 때는 10까지 세어라.
－토머스 제퍼슨
명언이나 좋아하는 영화 속 대사를 읊어 봐요. ♪

푸르푸르푸~르, 후랑후~랑!
의미 없는 단어도 OK!

떡볶이, 치킨, 초콜릿
맛있는 음식을 머릿속에서 상상하면 기분이 좋아져요. ★

마음속의 예쁜 천사가 자신을 향해서 마법의 주문을 걸어 준다는 상상을 해 보세요. ♪
천사는 언제나 당신의 편이에요!

너라면 문제없어. ♥

나만의 기분 전환법을 만들자

분노의 감정 이외에
'억울하다', '슬프다' 등의
안 좋은 감정이 생기면,
자신이 하고 싶은 행동과
전혀 다른 행동을 하는 경우도 있어요.
마음이 불편하고 온통 부정적인 감정으로
가득 찼을 때 어떻게 하면 좋을까요?
자신의 마음속을 들여다보고
감정을 그룹별로 나눠 보세요.

자신의 감정에 따라서 행동을 정하자

어떻게 행동할지는 스스로 정하세요.
다만 감정에 휘둘려서
섣부르게 행동하지 말아야 해요.
자신의 솔직한 감정을 살피고,
어떻게 하고 싶은지 고민해 본 후에
행동을 정하세요.

차분하게 자신의 감정과 마주하기 위해 심호흡해 보는 것도 좋아요.

> 분노를 가라앉히는 비법(➡57쪽)은 다른 감정이 들 때도 활용할 수 있어요. 잠깐이라도 부정적인 감정과 거리를 두세요.

기분 나쁜 일이 있을 때 어떻게 하나요?

아래 예시를 보고, 행동을 결정할 때 참고하세요.

예를 들어…

- a 친구가 내 헤어스타일을 보고 놀렸다.
- b 가족끼리 외식하기로 했는데 아빠에게 급한 일이 생겼다.
- c 동생이 내 책을 찢었다.
- d 폭설 때문에 여행이 취소됐다.

자신에게 중요한 것

스스로 바꿀 수 있는 것 → 해결하자!

스스로 바꿀 수 없는 것 → 다른 방법을 생각해 보자

자신에게 그렇게 중요하지 않은 것

스스로 바꿀 수 있는 것 → 기회가 있으면 해결해 보자

스스로 바꿀 수 없는 것 → 신경 쓰지 말자

a 친구에게 '헤어스타일을 놀리면 속상하다'고 말한다.

b 외식 일정을 다른 날로 옮기고 오늘은 취미 활동을 한다.

c 다음에 빌려줄 때 조심히 다뤄 달라고 말한다.

d 날씨는 어쩔 수 없으니 다음을 기약한다.

참고 : 일본 감정조절 상담 협회

 행복은 가까이에! 당신의 감정을 제일 잘 아는 사람은 당신 자신이에요. 자신과 대화를 나누면서 현명하게 행동을 정해 보세요.

'분하거나 억울한 감정'의 정체

운동 시합에서 졌거나
열심히 공부했는데
성적이 기대보다 낮을 때 등
분하고 억울한 마음에 답답하고,
때로는 눈물이 나기도 해요.
'이런 기분은 얼른
사라졌으면 좋겠다'라고
바랄 수도 있지만,
분하고 억울한 감정에는
당신을 성장시키는
놀라운 힘이 있어요.

'분하거나 억울하다'는 어떤 감정일까?

'분하다', '억울하다'라는 감정은 기분 나쁜 일을
당했거나 자기 뜻대로 되지 않았을 때,
그것을 쉽게 포기하지 못할 때 생겨요.
주로 당신이 소중히 여기는 것과 관련이 있을 때
화가 나거나 속상하다는 마음이 들어요.

> 분하거나 억울한 감정은 쉽게 포기할
> 수 없는 소중한 뭔가가 있다는 증거예요. 창피한
> 것이 아니랍니다.

 ### 언제 분하거나 억울한 감정이 드나?

분하거나 억울하다고 느끼는 감정의 중심을 들여다보면, 당신이 소중히 여기는 것이 무엇인지 보이기 시작해요.

남보다 부족할 때

친구보다 내가 못한다고 느꼈다면 당신이 '더 멋진 사람이 되고 싶다'는 바람을 가지고 있다는 증거예요.

친구가 나를 무시했을 때

친구가 나를 무시해서 속상한 것은 당신의 멋진 모습을 친구가 알아차리지 못했기 때문이에요.

승부에서 졌을 때

운동 시합에서 지거나 대회에서 입상하지 못했을 때 분한 것은 당신이 정말 열심히 노력했기 때문이에요.

잘못 판단했을 때

'좀 더 잘 할 수 있었을 텐데…', '이렇게 했으면 좋았을 텐데…' 등 나중에 반성하거나 자책하는 것은 '더 잘하고 싶다!'는 *의욕이 있기 때문이에요.

*의욕 : 무엇을 하고자 하는 적극적인 마음이나 욕구.

 ### 분하거나 억울한 감정을 성장의 발판으로!

'분하다', '억울하다'는 감정 속에는 자신이 소중히 여기는 뭔가가 숨어 있어서 분노나 질투로 변질되기 쉬워요. 그런데 자신이나 주변 사람에게 화풀이해 봤자 절대 사라지지 않아요. 분하거나 억울한 감정을 성장의 발판으로 삼아 더 나은 자신의 모습을 만들어 봐요!

 행복은 가까이에! 분하거나 억울한 감정은 포기하지 않겠다는 의욕을 만들어요. '잘 될 거야!', '할 수 있어!' 라는 긍정적인 마음으로 바꿔 보세요.

슬픔은 누구나 느낀다

너무 슬퍼서 가슴이 찌릿찌릿 아프고,
눈물이 하염없이 흐르는 날이 있지요?
친구, 가족, 학교생활 등 사람들은
다양한 이유로 슬픈 감정을 느껴요.
그런데 이런 슬픈 감정을
혹시 모른 척하고 있진 않았나요?
자신의 아픈 마음을 위로해 주세요.

 '슬픔'은 어떤 감정인가?

'슬픔'은 견디기 힘든 일이 생기거나 안 좋은 소식을 듣고 마음이 아플 때 느끼는 감정이에요. 슬픈 감정은 다양한 상황에서 생겨요.

| 주변 사람의 행동에 상처받았을 때 | 소중한 물건이나 사람을 잃었을 때 | 노력을 인정받지 못했을 때 |

나를 무시하거나 콤플렉스인 부분을 지적받으면 가슴이 쿡 찔린 듯 아파요.

사랑하는 반려동물이나 사람과 이별하면 가슴에 구멍이 뻥 뚫린 것처럼 허전하고 고통스러워요.

열심히 노력한 일의 결과가 나쁘면 지치고 힘들어요.

저마다 다른 슬픔의 크기와 깊이

어떤 일에 얼마만큼의 슬픔을 느낄지
그 슬픔이 얼마나 오래 마음에 남을지는
사람마다 달라요.
내가 봤을 때 별 일 아닌 것 같아도
상대방의 마음이 아프고 슬프다면
그 감정을 소중히 다뤄 줘야 해요.
아무리 작아 보이는 슬픔이라고 해도
무시해서는 안 된답니다.

눈물이 나거나 한숨이 나오는 등
슬픈 감정을 표현하는 방법도
사람마다 달라요.

슬픔이 밀려왔을 때 어떻게 하면 좋을까?

슬픈 감정을 꾹꾹 참기만 하면 사라지기는커녕 더 괴로워지거나 분노로 바뀌어
폭발해 버리는 경우가 있어요. 슬픔을 받아들이고 평온한 마음을 되찾으세요.

다른 사람에게 털어놓자

믿음직한 친구나 가족에게 이야기를
털어놔 보세요. 비록 해결책을 찾지 못해도
기분은 한결
편안해질 거예요.

자신을 특별 대접하자

맛있는 음식을 먹거나 좋아하는 것을
즐기는 등 하고 싶은 일을 마음껏 해 보세요.
자신을 아끼고 대접해 줄수록 기분이 점점
좋아질 거예요 (➡ 74쪽도 확인).

 주의!

마음이 슬프고 힘들 때 억지로 아무렇지 않은
척하지 말아요. 언젠가 마음의 컵(➡ 32쪽)이
가득 차서 넘쳐흐를 수도 있어요.

행복은 가까이에! 자신의 슬픈 감정을 받아들일 수 있으면 다른 사람의
슬픈 감정까지 헤아리는 따뜻한 사람이 될 수 있어요.

'외로움'을 느끼는 것은 나약해서가 아니다!

'외롭다', '쓸쓸하다'라고
입 밖으로 꺼내 말하는 것은
왠지 모르게 쑥스럽고 창피하게
느껴질 거예요.
하지만 외로움을 느낀다는 건
다른 사람이 베풀어 주는
따뜻한 마음을 알기 때문이에요.
또한 당신이 다른 사람을 소중히
여길 줄 안다는 것이기도 해요.
외로움을 자상함으로 바꿔 봅시다!

 '외로움'이 느껴질 때

외롭거나 아쉬움을 느끼는 감정은 소중한 사람과 헤어지거나 아끼는 물건을 잃었을 때 생기는 경우가 많아요. 당신은 언제 이런 감정을 느끼나요?

- 함께 자주 놀던 친구가 이사 간다.
- 엄마가 내 이야기를 들어 주지 않는다.
- 친구들의 대화에 끼지 못한다.
- 친한 친구에게 오해를 받았다.
- 제일 좋아하는 만화가 끝났다.

'외로움'을 잘 전달하자

'외롭다', '아쉽다'는 감정이 '왜 내 마음대로 안 되는 거야?'라는 생각으로 바뀌면, 자신도 모르게 억지를 부리거나 화를 내어 주변 사람과 멀어질 수 있어요. 반대로 상대방을 소중히 생각하며 자신의 감정을 잘 전달하면, 둘 사이의 관계는 더욱 깊어질 수 있지요. 59쪽의 내용을 떠올려 보고 자신의 진심을 전달해 보세요.

외로움을 자상함으로 바꾸자

외로움을 느낀다는 것은 당신이 주변 사람의 소중함과 고마움을 누구보다 잘 알고 있다는 증거예요. 외롭고 쓸쓸한 감정을 느낄 때마다 다른 사람을 자상하고 상냥하게 배려하고 챙겨 주는 건 어떨까요?

외로워 보이는 친구에게 따뜻한 말 한마디를 건넬 수 있는 사람이 되어 보세요.

 행복은 가까이에! 자신의 외로움을 느끼는 것도, 다른 사람의 외로움을 헤아리는 것도 당신이 감수성이 풍부하기 때문이에요.

조용히 흐르는 눈물은
갓 올라온 꽃봉오리에
살포시 쉬었다 가는 빗방울 같아요.

비가 그치고 나면
어여쁜 꽃이 피고
아름다운 무지개가 나타날 거예요.

분명히 당신의 마음속에도.

'불안'은 성장의 열쇠

학년이 바뀌거나 새로운 일에 도전하는 등
주변에 변화가 생길 때
불쑥 불안한 마음이 찾아와요.
불안을 느끼는 것은
나쁘거나 불행한 일이 아니에요.
불안한 감정을 받아들이고
적절한 행동으로 바꿔나가면 돼요!

'불안'은 중요한 신호

안절부절못하는 불안한 감정은
그대로 두면 점점 더 커질 뿐이에요.
초조하고 불안한 기분은
'나쁜 일이 일어나지 않도록
주의했으면 좋겠어!'라고
당신의 내면에서 보내는 신호예요.
그러니까 불안한 감정을 적절한 행동으로 바꿔
긍정적으로 만들어 보세요.
내면의 신호를 무시하지 않고 마주하면
성장의 기회로 만들 수 있어요.

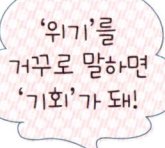

'위기'를 거꾸로 말하면 '기회'가 돼!

🌺 불안의 원인을 행동으로 바꾸자

불안을 성장의 기회로 바꾸려면 안절부절못하는 감정의 원인을 찾아서 해결해야 해요!

경우 1

사람들 앞에서 잘 발표할 수 있을지 불안하다

수업 시간에 발표하게 되었다. 친구들 앞에 나서는 것이 자신이 없어서 불안하다.

이럴 때는

연습을 많이 하자

원고 읽는 연습을 반복해서 자신감을 키우세요! 긴장하지 않고 발표를 잘하는 요령을 알아 두면 좋아요(➡114쪽).

경우 2

친구가 자신을 어떻게 생각할지 불안하다

최근 들어 친구가 날 차갑게 대한다. 친구가 나를 싫어할까 봐 자꾸 신경이 쓰인다.

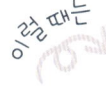

이럴 때는

혹시 잠깐 시간 있니?

자신의 감정을 전달하자

부정적으로 생각하면 오히려 친구와 사이만 나빠져요. 혼자 고민하지 말고 친구에게 불안한 감정을 솔직하게 전달해 보세요.

 행복은 가까이에! 불안한 감정에 잘 대처할 수 있으면 앞으로 더 성장할 수 있어요. 두려워하지 말고 행동으로 이겨 내 보세요!

자신을 자상하고, 너그럽게 대하자!

분노나 슬픔을 주체하지 못할 때
우리는 스스로를
미워하고 싫어하게 돼요.
그럼 당신의 마음에는
큰 상처가 남게 되지요.
이제는 스스로
가장 든든한 내 편이 되어 주세요.
자신을 너그럽게 대하고,
따뜻한 마음으로
꼭 안아 주면서 말이에요!

 ### 상처받은 자신을 달래자

지치고 힘들 때 혹은 슬플 때
아무렇지 않은 듯 애쓰지 않아도 괜찮아요.
우울할 때는 어린아이를 달래듯
자신을 토닥여 주세요.
상처 입은 마음이 회복되면
긍정적인 마음가짐을 되찾을 수 있어요.
반성은 마음이 안정된 후에 해도 늦지 않아요!

주의!
힘들거나 슬플 때 무기력해지는 자신을 자책하지 말아요. 무리해서 아무렇지 않은 척할 필요도 없어요.

자신에게 너그러워지는 방법

자신에게 너그러워지려면 어떻게 하면 좋을까요?
자신에게 딱 맞는 방법을 생각해 봅시다.

자신의 장점을 말해 준다

본인이 자신의 친구라고 생각하고 폭풍 칭찬을 해 주세요!

너는 친구들에게 참 친절해!

좋아하는 일에 집중한다

취미, 운동, 독서, 패션 등 좋아하는 것에 푹 빠져 보세요. 맛있는 것을 먹어도 좋아요.

참고 있던 것을 털어놓는다

마음에 담아 뒀던 감정을 친구에게 털어놓거나 공책에 적어 보세요.

한가로이 휴식을 취한다

부정적인 생각을 떨치기 힘들 때는 욕조에 몸을 담그고 차분하게 시간을 보내거나 평소보다 일찍 잠자리에 들어 보세요.

 행복은 가까이에! 자신을 사랑하는 마음이 있으면 자신의 단점에 대해서 너그러워질 수 있어요. 자신을 포근히 감싸 주세요!

우울할 때의 대처법

중요한 일에 실수를 하거나
일이 자기 뜻대로 되지 않아서
속상하고 우울하면,
긍정적인 방향으로 바꾸기 어려워요.
이럴 때는 스스로
자신을 돕는 사람이 되어 보세요!
마음이 보내는 신호를 알아차리고
도움의 손길을 내밀 수 있다면
다음 단계를 향해서
나아갈 수 있어요. ☆

자신을 친구라고 생각하고 위로하자

실수를 저질렀을 때
우리는 자책하고 자신을 원망하죠.
그런데 만일 친구가 실수를 했다면,
'그럴 수도 있지. 힘내!' 하며
상냥하게 위로했을 거예요.
그러니 속상하거나 우울할 때는
자기 자신을 친구라고 생각해 보세요.
필요 이상으로 자책하지 말고
친구에게 하듯이
따뜻한 마음으로 자신을 위로해 주세요.

다른 사람의 일이라면 차분해질 수 있어요. 이처럼 또 다른 '나'가 있다고 생각하고 나를 위로해 주세요!

 ## 우울할 때 이렇게 생각해 보세요!

속상하고 우울할 때는 감정과 생각이 점점 부정적인 방향으로 끌려가요.
기분 나쁜 감정이 머릿속에 맴돌고, 아무것도 하고 싶지 않을 때는,
아래의 세 가지 ○○을 자신에게 해당하는 말로 채워 보세요!
마음이 안정되고 '다음에는 이렇게 할까?'라며 긍정적으로 생각할 수 있어요.

 나는 ○○할 수 있다!   예: 나는 다시 도전할 수 있다!

우울할 때는 자신의 단점만 눈에 띄어요.
그런데 당신에게는 장점이 너무나도 많답니다!
자신이 잘할 수 있는 것과 자신의 성장 가능성에
눈을 돌리면 조금씩 긍정적인 기분이 생길 거예요.

나는 ○○해서 즐거워!   예: 나는 좋아하는 책을 읽어서 즐거워!

'나한테는 안 좋은 일만 일어난다'는 생각이 들 때가
있어요. 그런데 운 좋고 즐거웠던 시간도 있지 않았나요?
최근에 즐거웠던 일을 떠올려 보세요. 122쪽도 확인. ♪

나한테는 ○○가 있다!   예: 내게는 친구가 있어!

속상하고 우울하면 마치 외톨이가 된 것 같아요.
그런데 주변을 둘러보면 가족, 친구, 선생님 등
자신을 도와줄 사람은 너무나도 많답니다.
든든한 내 편을 떠올려 보세요.

 행복은 가까이에!   너무 속상하고 우울할 때는 큰 소리로 엉엉 울어도
괜찮아요. 눈물과 함께 괴로운 감정을 흘려보내면 후련해져요!

슬픔은 나누면 반이 된다 ♪

고민거리나 곤란한 일 등
혼자서는 해결할 수 없는
일도 때로는 생겨요.
혼자 끙끙거리지 말고
주변을 둘러보세요.
당신 주변에는
당신을 도와줄 누군가가
분명히 있을 거예요!
당신이 웃음을 되찾는 것을
누구보다 바랄 거예요.

의지하는 것은 나쁘지 않다!

남에게 기대고 의지하거나
나약한 소리를 하는 것은
좋지 않다고 생각하는 사람도 있어요.
그런데 그건 잘못된 생각이에요.
힘겨운 마음을 애써 참는 것보다
때로는 남에게 의지하고 기대서
답답한 마음을 푸는 편이
자신도 주변 사람도 모두 행복해지는 길이에요.
물론 주변 사람이 당신에게 의지할 때도 있으니
그럴 때는 당신이 힘이 되어 주세요!

 이렇게 해 보세요

다른 사람에게 의지해 보려고 해도 '어떻게 해야 할지 모를 때'는 다음의 세 가지 방법을 활용해 보세요.

 방법 1 이야기를 들어 달라고 한다

자신이 힘든 이유를 있는 그대로 이야기해요. 누군가가 자신의 이야기를 들어 주는 것만으로도 위로가 되고, 이야기를 털어놓는 동안 스스로 해결 방법을 찾아내기도 해요.

 주변 사람에 대해 안 좋은 이야기를 하면 안 돼요. 험담하면 듣는 사람이 곤란하고 괴로워져요.

> 곧 새 학기 시작이라 불안해….

 방법 2 조언을 구한다

자신보다 나이가 많거나 전문 지식이 있는 사람의 조언을 들어 보세요. 생각지도 못했던 아이디어를 얻을 수 있어요.

일단 자기 나름대로 생각해 보고 묻고 싶은 것을 정리한 후에 상담을 요청하면 상대방도 대답하기 수월해요.

> 어떻게 해야 계산 실수를 줄일 수 있을까요?

 방법 3 구체적으로 도움을 요청한다

자신이 무엇 때문에 곤란한 상황인지, 또한 구체적으로 어떻게 도와줬으면 하는지 얘기해요. 부탁할 때는 정중한 말투로 말해요.

> 그래!

> 혼자 가면 불안해서 그런데 같이 가 줄래?

 행복은 가까이에! 혼자 해결하기 어려울 때는 주변 사람에게 조언을 구하고, 서로 의지하면서 회복하는 시간을 가지세요.

마법의 감정 표현으로
나만의 좋은 습관을 만들자 3

마법의 감정 표현 3 을 마친 당신은…

- 현명하게 화내는 방법을 배웠어요.
- 부정적인 감정에 알맞게 대처하는 방법을 배웠어요.
- 자신을 너그럽게 대하고, 아끼게 되었어요.

부정적인 감정을
외면하지 않고
있는 그대로 받아들였더니
마음이 한결 편해지며
행복한 시간이 늘어났지요?
그런 행복감을 주변 사람들에게도
많이 퍼뜨립시다!

다름을 인정하고 존중하자 ♪

우리의 외모가 각각 다른 것처럼 성격이나
좋아하는 것, 싫어하는 것, 잘하는 것, 못하는 것 등은 다 달라요.
나와 상대방의 다른 점을 인정하고 존중하면,
서로 더 행복해질 거예요.

'다름'을 인정하자!

자신의 감정을 소중히 여길 수 있게 되었다면
친구의 감정도 헤아려 보세요!
아무리 친한 사이라도 매번 같은 생각,
같은 마음일 수는 없어요.
생각이 달라 의견이 충돌하거나
감정이 상했을 때,
서로의 다른 점을 인정하고
존중하는 마음을 지니고
대처하면 더 좋은 관계로
발전할 수 있어요.

친구의 입장과 상황을 생각하자 ★

자기 자신과 마주한 후 친해지게 되었다면, 이번에는 친구를 살펴보세요!

단계 1 다른 점을 알자

자신의 감정뿐만 아니라 친구의 감정도 생각해 보세요! 당신과 친구에게는 닮은 점도 있고, 다른 점도 있다는 것을 알 수 있어요 (➡86쪽).

단계 2 상대방을 인정하자

서로 '다름'은 당연한 거예요. 친구와 다름을 알게 되었다면, 인정하고 받아들여 보세요 (➡88쪽). 상대방에게 인정받으면 기분이 좋아진답니다.

 ## '다름'이 주는 행복이 있다!

친구와 닮은 점이 있으면 마냥 기쁘지요.
그런데 아무리 친한 사이라도 서로 다른 부분이 있는 것은 매우 자연스러운 일이에요.
'같아서' 서로 통하기도 하고, '달라서' 서로 도울 수도 있는 거랍니다!

좋아하는 것이 서로 다를 때

다름을 인정하지 못하면
➡ 자신이 좋아하는 것만 알고 시야가 좁아져요.

다름을 인정하면
➡ 친구의 제안으로 새로운 경험을 할 수 있어요!

잘하는 것이 서로 다를 때

다름을 인정하지 못하면
➡ 상대방이 답답하게 느껴져요.

다름을 인정하면
➡ 부족한 부분을 도와줄 수 있어요!

생각이 서로 다를 때

다름을 인정하지 못하면
➡ 다투고 친해질 수 없어요.

다름을 인정하면
➡ 서로의 의견을 존중하고 이해할 수 있어요!

서로 다르다는 것을 인정하면 행복해질 수 있어요! 다음 수업에서 계속 배워 보아요.

 행복은 가까이에! 다르다고 틀리진 않아요. '서로 같지 않다'는 뜻의 '다르다'와 '계산이나 사실이 잘못되다'는 뜻의 '틀리다'를 구분하세요.

마법의 감정 표현 4 — 다름을 인정하고 존중하자 ♪

서로 다른 것은 즐거워 ♪
'다름'을 인정하는 방법

자신과 친구의 '다른 점'을
인정하고 받아들이는 것이
친구와 사이좋게,
행복하게 지내는 열쇠예요.
어떤 점이 다른지 발견하고,
인정하는 방법을 알아보고
배워 봅시다!

🌺 친구를 알자!

늘 함께 다니는 친구라도 의외로 모르는 부분이 많아요!
친구의 다양한 면을 살펴봅시다.

관찰을 통해서 발견!

평소와 다른 관점에서
친구를 관찰하면,
그동안에 알지 못했던
새로운 모습이
보일 거예요!

체육 시간이 되니까 엄청 좋아하네!

질문을 통해서 발견!

궁금한 점이 있다면 친구에게 물어보세요.
친구에 대해서 알 수 있는 좋은 기회예요. ♪

그 캐릭터 좋아해?

사람마다 생각하는 방식도 다르다

같은 상황이라도 사람마다 생각하는 방식이 달라요. 그래서 친구가 자신과 똑같은 생각을 하지 않을 수도 있어요!

 예시 체육 시간에 피구를 하는데 연경이가 던진 공에 지아가 맞았다. 얼굴을 정면으로 맞은 지아는 엉엉 울었다.

유진이의 생각: 일부러 그렇게 한 게 아니더라도 아프게 했으니 사과해야 해.

희정이의 생각: 체육 시간에 하는 운동인데 공에 맞았다고 우는 지아가 이해 안 돼!

은정이의 생각: 잘못한 사람은 아무도 없는 것 같아…. 빨리 다시 시작하자.

친구와 다른 점을 소중히 여기자!

생각은 사람마다 달라서 정답이 없어요. 친구와 다르다는 것을 알았을 때 친구의 생각을 잘못되었다고 하지 말고 인정해 주세요! 어떤 '다름'이라도 소중히 여깁시다. ♪

달라도 괜찮다고 생각하면 마음이 편안해져요!

 행복은 가까이에! 자신과 다른 점은 그 친구만의 매력이에요. 보물찾기 라고 생각하고 즐기면서 더 많이 발견해 보세요. ♪

생각의 차이를 긍정으로 바꾸자!

친구들과 의견이 다르면
왠지 불안하고 때로는
슬퍼지기도 해요.
그런데 다름을 긍정적으로
받아들일 수 있으면,
당신도 친구도
훨씬 더 즐겁게 지낼 수 있어요!

다름은 배움의 기회다! ★

친구나 주변 사람과 의견이 맞지 않을 때,
나와 다른 생각 방식을 배울 수 있어요!
자신이 미처 생각하지 못했던
새로운 의견을 만나면
생각이 깊어지고, 한 가지의 일도
다양한 관점으로 바라볼 수 있어요.
친구와 다른 것을 틀렸다고
단정하기 전에 일단 대화해 보세요.

자기 의견만 내세우지 말고, 친구의 의견도 잘 들어봐요. ♪

관점을 바꿔서 마음의 유연성을 기르자!

친구와 의견이 달라서 서로 이해할 수 없을 때는 생각하는 방향을 바꿔 보는 것이 중요해요! (➜ 90쪽도 확인해 보세요.)

다른 방향으로 생각한다

상대방의 입장이 되어 보거나 다른 방향에서 바라보는 식으로 관점을 바꾸면 이해가 될 때도 있어요.

> 내가 친구였다면…

고정 관념이 없는지 생각해 본다

자신에게 '반드시 ○○해야 한다!' 하는 고정 관념은 없나요? 고정 관념을 가지고 있으면 상대방의 의견을 받아들이기 어려워요.

> 이렇게 해야 한다고 생각했는데…

사용하는 말을 바꿔 본다

내가 사용하는 단어를 긍정적인 말로 바꿔 보세요. 자연스레 자신의 사고방식도 달라질 거예요.

> 이상해! / 개성 있다!

거리를 둔다

그 당시에는 화가 나는 일도 잠시 떨어져 보면 차분하게 생각할 수 있어요.

> 일단 다른 일을 해보자 ♪

 행복은 가까이에! 친구가 나와 같은 생각을 하고 이해해 주길 바라나요? 그건 친구도 마찬가지예요. 당신이 먼저 친구를 이해하면 어떨까요?

특별 구성

관점을 바꾸는 연습을 해 보자!

서로 다름을 인정하려면,
자신의 고정 관념을 없애고,
'그럴 수도 있겠다' 하고 너그럽게 받아들이는 것이 중요해요!
다음의 세 가지 단계를 통해서 연습해 봅시다. ♪

단계 1  다양한 방향에서 바라보자!

하나의 사물을 다양한 방향에서 살펴보세요. 같은 사물이라도 다양한 각도에서 바라보면 다른 모양으로 보인답니다!

단계 2 사용하는 말을 바꿔 보자!

부정적인 말을 긍정적인 말로 바꿔 보세요.
긍정의 말로 바꿔 말하면
지금까지 나쁘게 느껴졌던 것이
'그렇게 나쁘지만은 않구나!'라는
생각이 든답니다.
다음의 예시를 참고로 다른 부정적인 말들도
긍정적인 말로 바꿔 봅시다!

♡ 게으르다 ⇒ 느긋하다
♡ 시끄럽다 ⇒ 활기차다
♡ 완고하다 ⇒ 의지가 강하다
♡ 겁이 많다 ⇒ 신중하다
♡ 툭하면 운다 ⇒ 감정이 풍부하다

단계 ③ **일단 칭찬하자!**

상대방이 좋게 보이지 않더라도 잘 살펴보고 긍정적인 면을 찾아서 칭찬해 보세요!
의식해서 칭찬하려고 노력하면 좋은 면이 더 많이 보일 거예요.

예시 아버지께서 노래를 부르실 때…

보는 방향을 바꾸면 ➡

자신에 대해서도 긍정적으로!

관점을 바꾸는 요령을 터득하면 자신에게 기분 나쁜 일이나 힘든 일이 생겼을 때도 좋은 면을 찾아서 긍정적으로 행동할 수 있어요!

내가 달라지면 상대방도 달라진다!

친구가 즐거워하면
자신도 덩달아 즐겁죠?
주변 사람도 마찬가지예요.
당신이 행복한 미소를 지으면
상대방도 환한 미소로
답해줄 거예요!
모두가 싱글벙글 웃으며 보내는
시간을 많이 만들어 봅시다. ♪

 자신의 태도는 상대방에게 전달된다

태도란 어떤 상황을 대하는 마음가짐이나 그 마음가짐이 드러난 표정이나 몸짓을 뜻해요. 당신의 태도는 자연스럽게 주변으로 전파되고, 상대에게 영향을 주게 되어요. 긍정 에너지를 퍼뜨리도록 노력합시다!

내가 불만을 쏟아 내면

주변 사람도 우울해지고 안절부절못해요.

내가 즐겁고 신이 나면

주변 사람도 즐겁고 웃는 사람이 많아져요!

나부터 달라지자!

친구와 의견이 다르거나 서로 이해하지 못하는 등
답답할 때는 일단 자신부터 상대방을 인정하고 받아들여 보세요.

갑자기 반박을 당하면 마음에 상처를 입어서 상대방도 고집을 부리게 돼요.

상대방을 인정해 주면 상대방도 안심하고, 다른 사람의 의견을 받아들이기 쉬워져요.

 ## 상대방을 인정하는 행복의 말 ★

'나는 당신을 인정하고 있다'라고 전달하고 싶다면, 먼저 이 말부터 시작해 보세요.

> 그렇구나. ○○라고 생각했구나.

반대 의견을 말하기 전에 일단 상대방의 의견을 존중해 보세요. 그러면 상대방도 자연스럽게 당신의 말에 귀 기울여 줄 거예요.

> 진아는 왜 그렇게 생각했어?

'다르다'고 말하기 전에 상대방이 그렇게 생각한 이유를 물어보세요. 당신이 미처 알지 못했던 것이 보일 수도 있어요!

 행복은 가까이에! 당신이 웃고 있으면 분명 당신처럼 방긋방긋 웃는 사람이 옆으로 다가와 줄 거예요.

행복의 말을 선물하자!

친구가 해 주었던 말 덕분에
하루 종일 마음이 들뜨고
기뻤던 적이 있나요?
말은 마음에 남는 선물이에요.
힘이 되는 말 또는 행복의 말로
당신과 친구의 하루를
더 빛나게 만들어 봐요. ★

긍정의 말을 모으자!

친구나 주변 사람에게 들었던 말 중에서
기분 좋았던 말이 있나요?
떠올려 보고 이번에는 당신이
주변 사람에게 선물해 보세요!
평소에 아무렇게 않게 사용했던 말 중에도
행복을 전하는 말이 있을지 몰라요.
잘 찾아보세요!

 긍정의 말을 모았다면 공책에 직접 적어 보세요. 마음을 전하고 싶을 때 쓰면 딱 좋은 말을 고를 수 있어요.

- 좋네
- 고마워
- 멋지다
- 큰 도움이 됐어
- 예쁘다
- 할 수 있어
- 역시 대단해
- 이해해

긍정의 말을 많이 건네자!

기쁨과 희망을 전하는 말은
부끄러워 말고, 자꾸자꾸
입 밖으로 내어 전달하세요!
상대방에게 건네는 말은
자신의 귀에도 들리죠.
친구와 함께 웃을 수 있는
시간이 많아지면 좋겠죠?

무슨 이야기인지
구체적으로 표현하고,
상대방의 눈을
바라보면서 말하면
잘 전달돼요.

친구가 기운이 없고 슬퍼 보일 때는…

친구가 고민에 빠졌거나 곤란할 때는
일단 이야기를 들어 주세요.
무리하게 해결하려고 들면
친구의 기분이 상할 수도 있으니 조심하세요.
이야기를 끝까지 차분하게 들으면서
옆에 있어 준다면 친구에게 큰 힘이 될 거예요.

'그래', '그랬구나' 등 상대방을
인정하고 위로하는 말은
상대방의 마음을 편안하게 해요.

 행복은 가까이에! 당신이 건넨 행복의 말은 상대방에게 주는 선물이기에
환한 웃음으로 당신에게 돌아올 거예요. ☆

마법의 감정 표현으로
나만의 좋은 습관을 만들자 4

마법의 감정 표현 4 를 마친 당신은…

 나와 친구의 '다름'을 인정하게 되었어요.

 생각하는 방식이나 방향을 바꾸는 방법을 배웠어요.

 주변 사람과 함께 웃을 수 있게 되었어요.

'네가 좋으면 나도 좋아'라는 말처럼 자신은 물론 주변 사람의 마음도 소중히 여기는 당신은 참 아름다워요. 다음 수업에서는 지금까지 배운 것들을 일상생활 속에서 실천하는 방법을 배워 보아요.

상황별 ☆ 감정 정리법

이번에는 일상 속에서 생겨나는 다양한 감정을
잘 다스리고 대처하기 위한 수업이에요.
구체적으로 소개하고 있으니 실전에서 활용해 보세요.

다른 사람이 부러울 때는…

자신을 친구나 형제,
자매와 비교하고 부러워했던
적이 있나요?
그건 당신이 다른 사람의
좋은 점을 발견할 수 있다는
뜻이에요.
다른 사람에게 발견한 부러운 부분을
자신의 목표로 바꿔 보세요.

친구가 부러워서 속상할 때

나와 친구를 비교하고 부정적인 감정이 들 때 어떻게 하면 좋을까요?

친구랑 비교하면…

친한 친구인 나연이는
명랑한 성격에 예쁘게 생겼다.
성적도 좋고 친구들에게 인기가 많다.
하지만 나는 잘하는 것도 별로 없고…
평범한 내가 싫다.
속상하고 답답하다.

이런 기분이 들 때는 어떻게 해야 할까요?
다음 쪽에서 확인해 보세요.

속상한 마음을 매력 개발의 계기로!

다른 사람과 비교해서 자신의 부족한 점이 느껴질 때 신경 쓰이는 것은 당연한 일이에요. 이때 느껴지는 속상함, 답답한 마음을 자신의 매력을 가꾸는 계기로 바꿀 수 있다고 생각해 보세요!

어떤 점이 부러웠나?

다른 사람을 부러워하는 것은 당신이 '나도 그렇게 되고 싶다'고 생각했기 때문이에요.
긍정적으로 받아들이고 자신이 되고 싶은 모습을 떠올려 보세요!

부러운 점을 따라 해 본다!

부럽다고 느낀 부분이 자신의 힘으로 바꿀 수 있는 것이라면 당신도 그렇게 될 수 있으니 노력해 보세요!

예시
- 성적이 좋아서 부럽다
  ⇨ 공부 시간을 늘려 보자!
- 친구들에게 인기가 많아서 부럽다
  ⇨ 항상 웃고 있어서 인기가 많을지도 모르니 따라 해 보자!

나도 인기가 많았으면 좋겠어!

자기 힘으로 바꿀 수 없을 때

아무리 노력해도 따라 할 수 없는 것도 있어요. 그럴 때는 다른 사람의 장점만 보지 말고 자신의 장점을 찾아보세요. 당신에게는 당신만이 가진 장점이 매우 많답니다!

친구나 가족에게 당신의 장점을 물어보는 것도 좋아요! 평소에 미처 알지 못했던 새로운 발견이 있을 거예요.

 행복은 가까이에! 당신의 매력은 이제부터 시작일지 몰라요. 조급해하지 말고 멋진 '내'가 되기 위해서 노력에 노력을 더합시다. ★

상대방에게 맞추느라 지쳤을 때는…

분위기상 주변 사람의 의견을
따라야 하거나 자신의 의견을
말하지 못할 때가 있을 거예요.
그런데 당신의 진짜 속마음을 숨긴 채
표현하지 않으면,
점점 마음이 답답해지고
지쳐 갈 거예요.
자신의 속마음을 잘 전달해서
친구와 더욱더 사이좋게 지냅시다!

 속마음은 싫은데, 상대방에게 맞춰 줄 때

다른 사람에게 맞춰 주느라 피곤하고 지칠 때 어떻게 하면 좋을까요?

체험 활동 장소를 정할 때

체험 활동 장소를 정할 때
친구 미나가 요리 수업을 같이 듣자고 졸랐다.
거절하지 못하고 어쩔 수 없이 그러자고 했다.
사실 나는 동물원에 가고 싶었지만
결국 또 미나의 의견을 따랐다.
미나를 엄청 좋아하지만,
늘 미나에게 맞춰 줘야 하는 것 같아 피곤하다.

**이런 기분이 들 때는 어떻게 해야 할까요?
다음 쪽에서 확인해 보세요.**

다른 사람에게 맞춰 줄 때의 감정은?

무심코 다른 사람에게 맞추는 당신은 무슨 생각을 하기 때문일까요?
처음에는 상대방을 배려하려는 생각, 너그러운 마음이었을지 몰라도 매번 양보해야 하는 상황에 지치면 부정적인 방향으로 변질되는 때도 있어요.

- 미나를 실망하게 하고 싶지 않아.
- 내 의견에 자신이 없어.
- 다투게 되면 어쩌지?
- 맞춰 주는 게 편해.

 쌓이면

- 항상 나만 참잖아.
- 아무도 나를 이해해 주지 않아.
- 미나는 이기적이야!

자신의 의견을 말해 보자

자신의 의견을 주장하는 것은 나쁜 게 아니에요.
중요한 것은 전달하는 방법이죠!
상대방을 인정하는 말을 건넨 다음
솔직한 자신의 감정을 말해 보세요.
자신의 감정을 잘 전달하면 마음도 한결 편해지고
상대방과 더 가까워질 수 있어요.

> 같이 하자고 말해 줘서 고마워. 근데 나는 동물을 좋아해서 동물원에 가고 싶어!

주의! 갑자기 '그건 싫어!'라며 거부하거나 다짜고짜 안 한다고 하면 상대방이 무안할 수 있어요.

 행복은 가까이에! 친구를 실망시키고 싶지 않은 마음과 자신의 진심이 전달되도록 잘 표현해 보세요.

103

친한 친구에게 불만이 생길 때는…

친한 친구가
자신의 마음을 헤아려 주지 않으면
서운하고 불만도 생기죠.
친하니까 오히려 자신의 기분을
더 잘 알아줬으면 하고 바라게 돼요.
자신과 상대방의 감정을
모두 소중히 여기며
우정을 돈독히 쌓을 수 있는 방법을
알아보아요.

 자기 입장만 생각하는 친구에게 화가 날 때

친구가 하는 행동이 마음에 들지 않을 때 어떻게 하면 좋을까요?

놀이를 정할 때…

같이 놀 때 지영이는 항상 자기가
하고 싶은 놀이를 일방적으로 정한다.
어째서 자기 마음대로 정하는 거지?
나도 하고 싶은 놀이가 따로 있는데….
서운하고 화가 난다!

이런 기분이 들 때는 어떻게 해야 할까요?
다음 쪽에서 확인해 보세요.

 ## 더 친해지기 위한 다툼을 해 보자!

서운함, 속상함, 분노 등의 감정을 마음에 담아 두면 자신도 상대방도 기분만 상해요.
상대방을 나쁘다고 비난하거나 자신의 기분을 납득시키려는 목적이 아니라
서로의 감정을 전달하고, 더 친한 사이로 발전하기 위한 말다툼을 해 보세요.
말다툼의 목적은 누가 맞고 틀린지, 누가 이기고 지느냐를 정하는 것이 아니라는 것을
명심하세요.

> 네가 일방적으로 정하니까 기분이 별로야. 난 같이 정했으면 좋겠어!

자신의 감정을
잘 전달하는 방법은
59쪽에서 소개했어요. ★

자신의 감정을 상대방에게 전달하기 전에 자신을 되돌아보자!

'어떤 것을 정하기 전에 먼저 상의하는 게 당연하지',
'상대 의견을 무조건 먼저 물어야지' 등
자신이 정한 규칙 때문에
상대방에게 화가 나고 못마땅한 때도 있어요.
그런데 상대방도 자기 나름의 생각이
있을 거예요.
자신이 옳다고 생각하는 것에
너무 얽매여 있지 않은지
일단 자신을 되돌아보세요!

> 모두의 의견을 들은 다음에 정해야 해.

> 모두를 만족시키려면 더 많은 제안을 해야 해!

 행복은 가까이에! 속상한 감정의 원인이 나에게 있을 때도 있어요. 상대가
내 마음을 알아주길 바란다면 자신을 먼저 되돌아보세요.

소셜 네트워크 서비스(SNS) 상에서 답답할 때는…

카카오톡, 페이스북과 같은
SNS나 문자 메시지 등은
친구와 연락을 빠르고 쉽게
주고받을 수 있어서 편리해요.
그런데 서로 얼굴을 마주 보고
나누는 대화가 아니라서
사소한 일로 마음이 상하는 일도
쉽게 생겨요.

 친구와 주고받은 메시지로 속상할 때

친구랑 메시지를 주고받다가 기분이 상했던 적이 있나요?

> **핸드폰으로 메시지를 주고받다가…**

단체 대화창에서 친한 친구 네 명이랑 대화를 나누는데 소연이가 '토요일에 우리 집에 놀러 올래?'라고 메시지를 보냈다.
'나는 괜찮아'라고 답을 보냈는데 곧바로 '엥?'이라는 메시지가 떴다.
나는 가면 안 된다는 건가?
너무하다는 생각에 속상해서
답장을 쓸 수가 없었다….

이런 기분이 들 때는 어떻게 해야 할까요?
다음 쪽에서 확인해 보세요.

제대로 전달됐는지 다시 읽어보자

SNS나 문자 메시지는 빠르고 짧게 주고받는 과정에서 오해가 생길 확률이 커져요.
또 상대방의 목소리, 표정을 알 수 없는 만큼 자신의 의도가 제대로 전달되기 어렵다는
점을 잊지 말고 신중하게 메시지를 보내야 해요.

'나는 괜찮아'는…
- 나의 의도 ➡ '나는 OK, 좋아!'
- 소연이가 받아들인 의미 ➡ '나는 거절할게'

명확하게 말하면 잘 전해져요!

 ### 메시지를 받을 때도 차분하게!

상대방만 오해하는 게 아니라
당신도 오해할 수 있어요.
상대방이 보낸 메시지를 보고
발끈해서 화를 내거나 속상해하지 말고
차분한 마음으로 다시 읽어 보세요.

분노, 슬픔을 못 이겨서 상대방에게
상처 주는 말을 퍼붓는 것은 금물이에요.
한 번 보낸 메시지는 사라지지 않고
계속 남아 있어요.

대화를 끝내고 싶을 때

대화가 한창 진행 중이라 좀처럼 끝날 것 같지 않을 때
가 있어요. '숙제하고 싶은데 여기서 끊으면 무시했다고
생각하려나?', '그만 자고 싶은데 말하기 어렵네' 하고
고민이 되겠지만 당신이 대화를 끝내고 싶은 이유를
정중하게 말하면 상대방은 기분 나빠하지 않을 거예요.

전달하는 방법의 예시
- 이제 숙제해야 해서…
  내가 나중에 문자할게.
- 슬슬 자야 할 것 같아!
  내일 또 이야기 나누자. ♪

 행복은 가까이에! 서로에 대한 예의를 갖추면 SNS를 통해 간편하고 즐
겁게 친구와 연락을 주고받을 수 있어요.

잠시 쉬어가기

화가 난 나를 포근히 안아 주고
우는 나에게 손을 내밀어 주고
웃는 나와 함께 크게 웃어 보세요.

그렇게 천천히
자신과 친해져 보세요.

앞으로도 쭈욱 손을 맞잡고
같이 걸어가요.

실수해서 우울할 때는…

열심히 했어도, 신중히 했어도,
종종 실수할 때가 있어요.
실수하면 속상하고
자신이 한심하게 느껴지지만
괜찮아요! 그럴 수 있어요.
그리고 실수는 한 발 앞으로 나아가는
힘이 된답니다.
실수를 극복한 후에는
더 빛나는 자신이
기다리고 있을 거예요!

실수한 것을 훌훌 털어 내지 못할 때

실수했을 때 당신은 어떤 기분을 느끼나요?

운동회 이어달리기에서…

이어달리기 선수로 뽑혀서
너무 기뻤는데, 시합 중에 넘어지고 말았다!
나 때문에 우승도 놓쳤다….
반 친구들이 뒤에서
소곤소곤 내 이야기를 하는 것 같다.
다시는 안 할 거야!
이어달리기에 나가지 않았으면 좋았을 텐데,
너무 후회되고 괴롭다.

**이런 기분이 들 때는 어떻게 해야 할까요?
다음 쪽에서 확인해 보세요.**

실수를 발판으로 전진하자!

실수는 '틀렸다'가 아니라 '도전했다'는 증거예요!
일단 도전한 자신을 칭찬해 주고 다음 단계로 나아가 보세요!

실수를 통해서 힌트를 얻자!

실수나 실패의 원인을 곰곰이 생각해 보세요. '긴장했다', '연습이 부족했다' 등 원인을 알면 다음번에 더 좋은 결과를 내기 위한 힌트를 얻을 수 있어요!

'운이 따르지 않았다'고 쿨하게 넘기는 것도 필요!

때로는 운이 따르지 않아 실패할 때도 있어요. 당신의 잘못이 아닌 것도 있으니 너무 자책하지 마세요.

이번에는 운이 나빴을 뿐이야…

만일 실수가 두려워서 어떤 도전도 하지 못한다면 성공의 기쁨을 맛볼 수 없어요. 실수한 만큼 배운 것이 있으며, 그 배움을 통해 성공에 가까이 다가가는 거랍니다.

솔직하게 사과하자

당신의 실수로 다른 사람에게 피해가 갔다면 솔직하게 사과하세요. 분명 상대방도 너그럽게 용서해 줄 거예요.

실수했을 때는 나쁜 쪽으로 생각하기 마련이에요. 그래서 상대방이 화가 났다고 오해하는 때도 있어요.

친구가 실수했을 때는?

자신이 실수했을 때를 떠올려 보세요. 어떤 말을 건네야 친구가 실수를 극복할 힘을 만들 수 있을지 생각해 보세요.

괜찮아!

 행복은 가까이에! 실수는 성공을 위한 기회! 분하고 억울한 마음을 분발하는 계기로 삼아 실수한 경험을 긍정적으로 활용해 보세요.

도전하고 싶지만 자신이 없을 때는…

새로운 일에 도전하려면
용기와 에너지가 필요해요.
살짝 겁이 나더라도
자신을 굳게 믿으면
한 발 앞으로 내디딜 수 있어요.
자신감을 주는 생각 습관을 통해
자신을 단련해 보세요.
더 멋진 '내'가 될 수 있답니다. ☆

 해 보고 싶은데 망설여질 때

잘할 자신이 없어서 도전하지 못할 때 어떻게 하면 좋을까요?

학급 위원을 정할 때…

새로운 학기의 시작.
반장을 해 보고 싶지만
'떨어지면 어떡해?', '내가 어떻게 반장을 하겠어!'라고
또 다른 내가 나를 가로막는다.
부정적인 생각 때문에 점점 자신감을 잃어 간다.

**이런 기분이 들 때는 어떻게 해야 할까요?
다음 쪽에서 확인해 보세요.**

🌺 '자신감이 없다'는 생각을 '할 수 있을지도 몰라'로!

'어차피 나는 못 해!'라며 도전하지 않으면 자신감을 가질 수 없고, 점점 자신이 싫어져요. 의도적으로 '나도 할 수 있을지 몰라'라는 생각을 키워봅시다!

'실수해도 괜찮아!'라고 생각하자!

'잘하지 못할 수도 있다'는 실수하고 싶지 않은 마음이 자신을 가로막는 거예요. '실수해도 괜찮아!'라고 마음먹고 과감하게 도전해 보세요.

성장한 '나'를 인정하자!

'1~2년 전의 나'와 '지금의 나'를 비교해 보면 그때보다 잘하는 것이 있을 거예요. 자신을 천천히 다시 살펴보세요! 한 가지라도 성장하고 발전한 점을 찾게 되면 자신감이 생길 거예요.

실수하면 안 돼!

실수해도 괜찮아!

사람들 앞에서 차분하게 발표할 수 있게 됐어!

동경의 대상이 되어 보자!

아무리 노력해도 자신감이 생기지 않을 때는 평소에 자신이 꿈꾸던 대상이나 동경의 대상을 떠올려 보세요. 그리고 자신이 그 사람이 되었다고 생각하고 행동해 보세요! 흉내를 내다 보면 점점 자신의 모습이 달라질 거예요.

언니라면 이렇게 했을 거야!

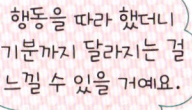

행동을 따라 했더니 기분까지 달라지는 걸 느낄 수 있을 거예요.

 행복은 가까이에! 자신감이 없어도 조급해하지 말아요. 비록 오늘은 못 했어도 앞으로 조금씩 잘할 수 있으면 그것으로 충분해요! ♪

특별 구성

'긴장감'을 내 편으로 만들자!

발표회나 사람들 앞에서 이야기하는 등 중요한 때일수록 더 떨리고 불안하죠? 그런데 이런 긴장감을 잘 다스리면 집중력이 높아져서 일이 잘 풀려요! 긴장감을 내 편으로 만드는 방법을 소개할게요!

🌸 크게 심호흡한다

천천히 심호흡하면 몸의 긴장이 풀려요.
충분한 산소를 몸에 공급할 수 있고,
뇌의 긴장을 풀어 주어
마음을 안정시키기 때문이죠.
잠깐 눈을 감아 보세요.
그리고 등을 쭉 펴고
세 번 정도 심호흡을 해 보세요.

> 심호흡은 '숨을 내뱉을 때'가 중요해요!
> 떨리는 마음을 몸 밖으로 내보낸다는
> 생각으로 천천히 내뱉으세요.

🌸 방긋 웃는다

굳은 표정으로 있으면 긴장이 더 고조돼요.
긴장했을 때야말로 거울을 보고
환하게 웃어 보세요.
처음에는 의도적으로 웃더라도
나중에는 자연스럽게 미소 짓는 자신을
발견할 수 있을 거예요.
웃고 있으면 저절로 마음이 편안해진답니다.

> 웃는 게 어렵다면 크게 '이~'라고 발음해 보세요.
> 입꼬리가 위로 올라가면 긴장된 마음이 조금이나마
> 누그러져요.

🌺 가볍게 점프한다

올림픽 경기 때 운동선수들이 경기 전에 몸을 털거나 제자리에서 점프하는 것을 봤을 거예요. 우리 몸은 긴장하면 근육이 수축해 굳어 버려요. 이때 몸에 힘을 빼고 그 자리에서 가볍게 점프하면 긴장감이 풀어져요.

손을 가볍게 흔들흔들하면 몸에서 힘이 잘 빠져요.

주문을 외운다

마음을 가라앉히는 자신만의 마법 주문이 있다면, 마음속으로 외쳐 보세요. 61쪽을 참고하세요. ♪

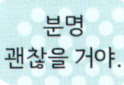

분명 괜찮을 거야.

'아마릴리스'를 반복해서 말한다

크게 입을 벌리고 '아마릴리스'라고 발음해 보세요. '수다쟁이'라는 꽃말을 가진 아마릴리스의 힘이 당신을 도와줄 거예요. ♪

입을 크게 벌리면서 말하면 얼굴 근육도 풀리고 입도 잘 움직여져요.

아마릴리스

가까운 사람과 맞지 않아서 힘들 때는…

모든 사람과 원만하게
잘 지내면 좋겠지만
아무리 노력해도
맞지 않는 사람이 있어요.
그 대상이 매일 마주쳐야 하는
사람이라면 더 힘들 거예요. 하지만
상대방을 존중하는 마음을 가지고 있다면,
무리해서 상대방에게 맞추려고
노력하지 않아도 괜찮아요.

다른 사람과 맞지 않는 자신을 자책할 때

주변 사람과 잘 맞지 않고 어울리지 못해서 힘들었던 적이 있나요?

반에서 인기 많은 선생님과…

반 친구들에게 인기가 많은 체육 선생님.
그런데 나는 좀 불편하고 어색하다.
친구들은 다 좋다고 하는데….
별로라고 생각하는 나만 이상한 건가?

**이런 기분이 들 때는 어떻게 해야 할까요?
다음 쪽에서 확인해 보세요.**

자신과 맞지 않는 사람이 있는 건 당연한 일!

많은 사람에게 호감형인 사람일지라도 자신과 맞지 않을 수 있어요.
그렇게 느끼는 것은 이상한 일이 아니에요.
애써 좋아하려고 노력하지 않아도 괜찮아요.

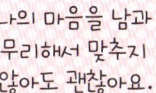

> 나의 마음을 남과 무리해서 맞추지 않아도 괜찮아요.

> 가족처럼 아주 가까운 사이라도 서로 맞지 않을 때가 있어요. 당신이 나쁜 게 아니니 자책하지 말아요.

'좋아하기'가 아니라 '잘 지내기'

나와 맞지 않는 사람을 억지로 좋아하려고 노력하는 것보다 원만하게 지내려고
노력하는 것이 더 중요해요. 사람은 각자 다르기에 언제든 나와 맞지 않는 사람이
나타날 수 있어요. 그러니 자신 또는 상대방을 부정하지 말고 있는 그대로 인정해 보세요.

거리를 둬도 좋다!

친해지기 어려운 사람과는 조금 거리를 두는 것도 좋아요.
필요할 때 대화를 나눌 수 있다면 그것만으로 충분해요.

> 대하기 어렵다는 이유로 주변 사람에게 험담이나 불만을 늘어놓는 것은 안 돼요! 관계만 악화시킬 뿐이에요.

> 잘 부탁드립니다.

 행복은 가까이에! 모든 사람과 가깝게 지내는 것이 좋은 것은 아니에요.
상대방에 따라서 원만하게 지낼 수 있는 적정한 거리를 찾아보세요.

거짓말을
해 버렸을 때는…

얼떨결에 거짓말을 하고 나면
마음이 뒤숭숭하고
찜찜하지 않나요?
나쁜 일을 했다는 생각에
자책감이 들기 때문이에요.
되도록 빨리 상대방에게
정직하게 털어놓고
편안한 마음을 되찾는 것이 좋아요.

 거짓말을 하고 후회스러울 때

어쩌다 보니 거짓말을 하게 되었을 때 나중에 어떤 기분이 드나요?

친구와 수다를 떨다가…

언니가 만들어 준 액세서리를 했는데,
친구가 예쁘다고 칭찬해 줬다!
그래서 우쭐한 마음에 그만
내가 만들었다고 거짓말을 해 버렸다….
그랬더니 친구가 다음에 만드는 법을
가르쳐 달라고 했다.
어떡하면 좋지?

**이런 기분이 들 때는 어떻게 해야 할까요?
다음 쪽에서 확인해 보세요.**

거짓말을 한 이유를 생각해 보자

일단 왜 거짓말을 했는지 자신의 속마음을 들여다보세요. '친구가 자신을 좋게 봐 줬으면 해서', '칭찬받고 싶어서' 등 이유가 있을 거예요.

자신의 속마음을 알면 다음부터 조심할 수 있어요!

스스로 사과할 마음을 가지자

자신의 속마음을 알았다면 어떻게 해결하고 싶은지 고민해 보고, 솔직하게 사과할 준비를 해 보세요.

사과하면 마음이 가벼워진다

거짓말은 시간이 지날수록 기분이 찜찜해져요. 그렇게 되기 전에 솔직하게 말하는 편이 홀가분해지는 지름길이에요.

사과하지 못했을 때

때론 거짓말한 것을 제때 사과하지 못할 수 있어요. 그럴 때라도 거짓말한 이유를 스스로 생각해 보고 다음에는 같은 실수를 하지 않도록 마음에 새겨 보세요.

상대방을 배려한 하얀 거짓말도 있다!

자신을 위해서 하는 거짓말 외에 상대방의 상황과 기분을 배려해서 하는 거짓말을 하얀 거짓말이라고 해요.

예를 들어…
친구에게 받은 선물을 뜯어 봤더니 이미 가지고 있는 학용품이어도 '너무 예쁘다. 갖고 싶었는데 정말 고마워!' 라고 말한 적 있죠?
이런 종류의 거짓말은 상대방의 마음을 배려한 하얀 거짓말이에요.

 행복은 가까이에! '오래가는 행복은 정직 속에서만 발견할 수 있다'는 명언이 있어요. 정직한 행동으로 행복을 발견해 보세요.

하고 싶은 것을 찾지 못했을 때는…

친구가 너무나도 당연하게
장래 희망이나 바람,
하고 싶은 일에 관해
이야기하는 것을 보고
불안했던 적이 있나요?
만일 그랬다면 조급해하지
않아도 괜찮아요.
자신의 속도에 맞춰서
천천히 찾으면 되니까요.

 꿈이 없어서 불안할 때

자신의 미래가 고민될 때 어떻게 하면 좋을까요?

장래 희망이나 꿈에 관한 이야기가 나왔을 때…

친구들과 커서 뭐가 되고 싶은지
장래 희망에 관한 이야기를 나누게 됐다.
다들 꿈에 대한 멋진 이야기로 한껏 들떴지만
나는 '○○가 되고 싶다'라고 말하지 못했다….
다들 멋진 꿈을 꾸고 있는데,
나만 아무 생각이 없다니!
왠지 초조하고 불안하다.

**이런 기분이 들 때는 어떻게 해야 할까요?
다음 쪽에서 확인해 보세요.**

 ## 조급해하지 않아도 괜찮다!

지금 딱히 하고 싶은 일이 없어도 괜찮아요.
만일 불안하다면 아래의 세 가지 힌트를 참고로 생각해 보세요!

좋아하는 일을 계속한다

자신이 뭘 좋아하는지, 설레는 일은 무엇인지 생각해 보고, 좋아하는 일을 계속해 보세요. 자신에 대해서 잘 알면 하고 싶은 일이나 적성에 맞는 일이 보이기 시작할 거예요.

좋아하는 일은 바뀌기도 한다

성장하면서 하고 싶은 일, 좋아하는 것, 취향 등은 바뀌기 마련이에요.
천천히 고민하고 선택하면 돼요.

지금 할 수 있는 일에 최선을 다하자

장래 희망과 꿈도 중요하지만, 현재도 중요해요.
뭐든지 열심히 노력하면 분명 미래에 큰 도움이 될 거예요.

공부, 학원, 예체능 수업 등 지금 할 수 있는 일에 최선을 다하면 꿈을 이룰 가능성이 점점 커져요.

 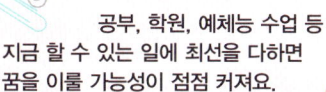 **행복은 가까이에!** 장래 희망이나 꿈은 빨리 정해야 하는 것이 아니에요.
자신의 속도에 맞춰서 정하면 되니, 현재의 시간을 알차게 보내세요!

특별 구성

행복을 주는 것을 찾자!

속상하고 우울한 기분에서 좀처럼 벗어나지 못할 때
자신의 마음을 위로하고 긍정적인 생각을 불어넣어 줄 수 있는 것을
찾아봅시다!
아래의 예시를 참고로 당신에게 행복을 가져다 주는 것을 찾아보세요.

❀ 좋아하는 음악을 듣는다

신나는 음악도 좋고 슬픈 마음을
위로해 주는 차분한 음악도 좋아요.
장르에 상관없이 음악에는
마음을 치유해 주는 효과가 있답니다!

❀ 자신을 꾸며 본다

좋아하는 옷을 입어 보세요!
예쁜 옷을 입은 당신은 거울 앞에서
분명 웃고 있을 거예요!

❀ 좋아하는 책을 읽는다

좋아하는 책을 펼쳐 보세요.
책 속에 푹 빠져들면 부정적인 기분에서
일단 벗어날 수 있어요!

❀ 동영상이나 영화를 본다

재미있는 동영상을 보면서 깔깔거리고
웃거나 감동적인 영화를 보면서
펑펑 울어 보세요. 마음속의 답답함이
사라질 거예요!

행복 노트를 만들자!

'좋아하는 친구와 이야기를 나눴다', '아침에 먹었던 빵이 참 맛있었다!' 등 일상 속에서 발견한 행복을 노트에 적어 보세요!

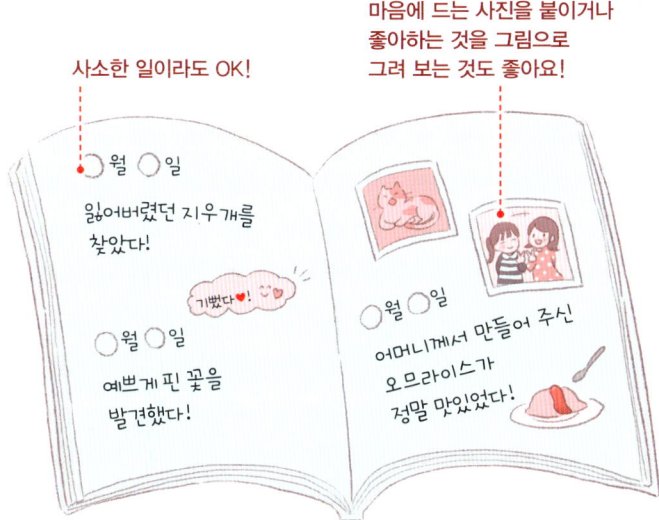

마법의 감정 표현으로
나만의 좋은 습관을 만들자 5

마법의 감정 표현 5 를 마친 당신은…

 마음속의 짜증, 답답함을 행복으로 바꿀 수 있었어요.

 웃으며 보내는 시간이 더 많아졌어요.

매일 우리 마음속에 생기는
다양한 감정들.
어떤 감정이든
차분한 마음가짐으로 마주하면
자신의 성장은 물론
소중한 사람과 더욱 돈독해지는
기회가 된답니다.
이전보다 자신과 더 친해진 당신에게는
빛나는 미래가 기다리고 있을 거예요!

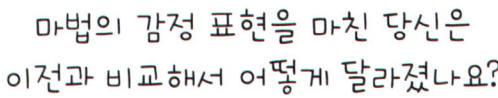

마법의 감정 표현을 마친 당신은
이전과 비교해서 어떻게 달라졌나요?

앞으로 힘들거나 부정적인 감정이 느껴질 때는

일단 자기 자신과 마주하고
그 감정을 소중히 살펴봐 주세요.

이 책을 통해서 배운 것들이
분명 당신을 도와줄 거예요.

자신의 감정을 이해하고 다스리며
즐거운 나날을 보내세요.

감수 ● 시노 마키(篠真希)
일본 앵거 매니지먼트 협회 감정조절지도사

일본에서 처음으로 '엄마를 위한 감정조절 강좌'를 개최하였다. 자녀 감성 교육을 목표로 유아 청소년 프로그램 개발 및 지도자 육성에 힘쓰고 있다. 교육 위원회를 비롯해 관공서, 기업 등 에서 연수 프로그램을 진행했으며, 학교, 학부모회, 육아 지원 단체 등에서 수많은 강연을 하였다. 저서로는 《육아하면서 느끼는 불안과 분노에 휘둘리지 않는 책》,《화 잘 내는 법 – 참지 말고 울지 말고 똑똑하게 화내자》 등이 있다.

역자 ● 이 지 현

이화여자대학교 의류직물학과를 졸업하고 일본 여자대학교로 교환 유학을 다녀왔다. 이화여자대학교 통번역대학원 한일번역과를 졸업했다. 현재 엔터스코리아 일본어 번역가로 활동 중이다.

주요 역서로는 『스틸』, 『세상의 이치를 터놓고 말하다』, 『내 마음을 구해줘』, 『미루기 습관은 한 권의 노트로 없앤다』, 『무적의 글쓰기』 등이 있다.

Oshare Manner Book (5) Otona ni nattemo Komaranai! Kimochi no Seirijutsu
Supervised by Maki Shino
All rights reserved.
First published in Japan in 2020 by POPLAR Publishing Co., Ltd.
Korean translation rights arranged with POPLAR Publishing Co., Ltd.
through Shinwon Agency Co.
Korean edition copyright ⓒ 2021 by Seoul Cultural Publishers, Inc.

마법의 감정 표현
1판 1쇄 인쇄 | 2021년 9월 6일
1판 1쇄 발행 | 2021년 9월 24일

감수 | 시노 마키 번역 | 이지현

발행인 | 조인원 편집인 | 최원영
편집장 | 최영미 편집 | 방유진, 손유라 디자인 | 박수진
출판마케팅담당 | 홍성현, 이풍현 제작 담당 | 이수향, 오길섭
발행처 | (주)서울문화사 등록일 | 1988년 2월 16일
등록번호 | 제2-484
주소 | (우)04376 서울특별시 용산구 새창로 221-19
전화 | (02)791-0754(판매) (02)799-9375(편집)
팩스 | (02)790-5922(판매)
출력 | 덕일인쇄사 인쇄처 | 에스엠그린 인쇄사업팀

ISBN 979-11-6438-466-2 67300,
　　　979-11-6438-403-7(세트)

이 책은 저작권법에 따라 보호를 받는 저작물이므로 저작권자와 출판사의 허락 없이
이 책의 내용을 복제하거나 다른 용도로 쓸 수 없습니다.
책값은 뒤표지에 있습니다. 잘못된 책은 바꾸어 드립니다.

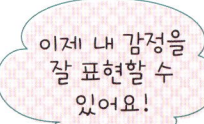
이제 내 감정을 잘 표현할 수 있어요!

유튜브 62만 인기 크리에이터

리니, 지니와 함께
상상 초월
시간 여행을 하며
나만의 **특별한 DIY**에
도전하세요!

이번에는 책으로 만나 볼까?

원작 예씨 | 글 안경순 | 그림 박경은
값 13,000원

©예씨(Yessii)/CJ ENM

구입문의: 02-791-0754 서울문화사

3권 출시!

도도와 함께 모험을 떠나자!

재미있는 이야기

홍미진진 수학 문제

기초 탄탄 수학 원리

전독자 특별선물
개념 쏙쏙!
정십이면체 만들기

구독자 수 195만 명! 스토리텔링 크리에이터 잠뜰TV를 두뇌 개발 시리즈로 만나자!

두뇌 개발 시리즈 3

잠뜰과 친구들의 방탈출
테마파크편

출간!

잠뜰과 친구들이 받은 은밀하고 특별한 초대장 방탈출 테마파크 리조트에서 펼쳐지는 정체 모를 미션들! 모든 공간을 탈출해야 집으로 갈 수 있다. 과연, 잠뜰과 친구들은 미션을 해결해 무사히 돌아갈 수 있을까?

128쪽 | 값 12,000원

© ASSEMBLE. All Rights Reserved.

전국 서점 및 마트에서 만나요! | 구입문의 : 02-791-0753

서울문화사